基礎から身につく

国税徴収法

剛 編著

令 和
6
年度版

一般財団法人 大蔵財務協会

は　し　が　き

　本書が新しいコンセプトの下に発刊されたのは今から14年前の平成22年6月のことでした。

　その後、平成23年度の税制改正で、更正の請求期間の延長、税務調査手続の明確化、更正処分の理由附記等を中心に、約50年ぶり（昭和37年の制定以来）となる国税通則法の大幅な見直しが行われました。

　この改正を踏まえ、税務調査手続に関する、法令解釈通達（いわゆる手続通達）の制定が、平成26年度の改正で納税者の権利救済制度が、平成28年度の改正でクレジットカードによる納付制度の創設と加算税制度の見直しが行われました。また、平成29年度の改正では、明治33年（1900年）に制定された国税犯則取締法について、カナ文字からひら仮名に表現ぶりが見直されるとともに、国税通則法に吸収されました。

　さらに、令和2年度の改正で、利子税、還付加算金等の割合の引下げが、令和3年度の改正では、電子帳簿等保存制度の見直しと納税管理人制度の拡充等に加え、国際的な徴収回避行為への対応策の措置が講じられるとともに、地方税についても、共通納税システムの対象税目の拡大等がなされています。

　続く、令和4年度以降の改正では、3年続けて加算税制度の整備強化が図られています。

　今回の改訂にあたっては、これらの新しい動き等に関与してこられた黒坂昭一さん、松崎啓介さんにも新たに参画していただき、新しい視点から見直しをしております。

　本書をより親しみ易く使い易いものにするため、今後とも、皆様方の忌憚のないご意見、ご批判を賜わりますようお願いいたします。

　最後になりましたが、本書刊行の機会を与えてくださった一般財団法人大蔵財務協会及び刊行にあたって終始ご支援とご協力をいただいた編集局の皆様に心から謝意を表します。

　令和6年4月

川　田　　剛

凡　　例

1　本文中の法令は、それぞれ次の略語を用いました。

通則法……………………国税通則法

通則法施行令……………国税通則法施行令

通則法規則………………国税通則法施行規則

徴収法……………………国税徴収法

措置法……………………租税特別措置法

資金法……………………国税収納金整理資金に関する法律

債権管理法………………国の債権の管理等に関する法律

国外送金法………………内国税の適正な課税の確保を図るための国外送
　　　　　　　　　　　　金等に係る調書の提出等に関する法律

電子帳簿保存法…………電子計算機を使用して作成する国税関係帳簿書
　　　　　　　　　　　　類の保存方法等の特例に関する法律

2　かっこ内の法令は、それぞれ次の略語を用いました。

通…………………………国税通則法

通令………………………国税通則法施行令

通規………………………国税通則法施行規則

徴…………………………国税徴収法

所…………………………所得税法

所令………………………所得税法施行令

法…………………………法人税法

法令………………………法人税法施行令

相…………………………相続税法

相附………………………相続税法附則

地価………………………地価税法

航…………………………航空機燃料税法

消…………………………消費税法

登…………………………登録免許税法

酒…………………………酒税法

揮…………………………揮発油税法

地揮………………………地方揮発油税法

油…………………………石油ガス税法

石…………………………石油石炭税法

印························	印紙税法
た························	たばこ税法
観························	国際観光旅客税法
措························	租税特別措置法
電························	電源開発促進税法
災························	災害被害者に対する租税の減免、徴収猶予等に関する法律
電帳法···················	電子計算機を使用して作成する国税関係帳簿書類の保存方法等の特例に関する法律
電帳規···················	電子計算機を使用して作成する国税関係帳簿書類の保存方法等の特例に関する法律施行規則
憲························	日本国憲法
審························	行政不服審査法
行訴······················	行政事件訴訟法
行手······················	行政手続法
会························	会計法
民························	民法
更························	会社更生法
行手オ···················	行政手続オンライン化法
刑訴······················	刑事訴訟法

3　通達等の略語

通基通···················	国税通則法基本通達
手続通達···················	国税通則法第7章の2（国税の調査）関係通達（法令解釈通達）
事務運営指針···············	調査手続の実施に当たっての基本的な考え方等について（事務運営指針）

4　符号

1、2·····················	条番号
③、④·····················	項番号
五、六·····················	号番号
（例：通35②一　··········	国税通則法第35条第2項第1号）

◆ 目 次 ◆

はじめに

　国税通則法は、国税についての基本的事項及び共通事項について定めた法律です。

　わが国の税法は、その規定する内容に応じ、次の4つに分類されます。

①　所得税、法人税など各税目ごとに課税要件について規定しているもの……法人税法、所得税法、相続税法、消費税法など

②　賦課徴収など租税債権の実現のための手続について規定しているもの……国税通則法、国税徴収法

③　不服申立てや訴訟など納税者の権利救済について規定しているもの……国税通則法

④　税法違反に対する罰則等について規定したもの……所得税法など各個別税法、国税通則法

　したがって、国税通則法を真に理解するためには、所得税法や法人税法、国税徴収法などの各個別税法とあわせて理解することが必要です。

　たとえば、所得税法や法人税法では、それぞれの税目の税額の計算方法等について規定されていますが、それらの税の納税義務が成立するのはいつか、どのような手続によって納付すべき税額が確定し、それらをいつまでに納付すべきかなど、各税に共通した部分については、共通した法律で統一的に規定しておいた方が全体がわかり易くなります。

　また、申告や更正、決定及びその前提となる質問検査権等並びに納税の猶予等や犯則取締等についても、統一的に規定し、特例等の必要があれば、その部分についてのみ各税法に規定する方が便宜です。

　さらに、納税者の権利救済など各税法に共通する事項についても、統一的に規定した方がわかり易くなります。

国税通則法は、このような必要性に基づいて昭和37年（1962年）に制定されました。その後若干の改正はなされてきたものの、抜本的な改正等は行われてきませんでした。しかし、平成23年度の税制改正で、国税通則法について調査手続等を中心に、昭和37年の制定以来最大の見直しが行われ、納税者の権利憲章については先送りとなったものの、税務調査手続の明確化、更正の請求期間の延長、処分の理由附記の実施等に代表されるように、納税者保護の視点がより強調された内容のものとなっています。

序章 **国税通則法ができるまで**

〔ポイント〕

① 国税通則法制定の歴史

② 制定当時の問題意識

③ 法制化が見送られたもの

国税通則法は、納税者の税法に対する理解を容易にするという観点から、「各税法に分散する租税の共通規定を整理統合し、かつ、租税債権の発生、消滅、時効等の総則的規定を整備する。」ことを目的とし、ほぼ3年間にわたる税制調査会での審議、検討[注]を踏まえ昭和37年（1962年）（法律第66号）に制定されました。

　　[注]　そこでの検討結果は、「国税通則法の制定に関する答申（昭和36
　　　　　年7月5日）」という形でまとめられました。

1　租税徴収制度調査会答申とその背景（問題意識）

　そもそも、国税通則法制定の必要性が認識されたのは、それに先立って行われた国税徴収法改正の検討過程（昭和33年12月租税徴収制度調査会答申）において、次のような提言がなされたためです。

　　「納税者の税法に対する理解を容易にするため、近い将来、できる
　　だけ早い機会に総則的な規定及び共通的な規定をまとめた租税通則
　　法を制定することが望ましい。」

　国税通則法制定前の税法体系は、所得税法、法人税法などの各税法と共通法たる徴収法とで構成されていました。しかし、手続に関する事項には、各税に共通する部分がかなり多く含まれていました。その結果、税法の条文が必要以上に多くなり、しかも、各税法で規定ぶりが一致していないというような事例がいくつかみられました。

　また、その後の検討過程で、次のような点についても指摘がなされました。

　①　租税に関する基本的な法律事項である租税債権の成立及び確定に
　　　関する通則的規定がないこと。

② 賦課・徴収に関する期間制限が統一されていないこと。

③ 課税方式についても、直接税と間接税で不統一がみられること。

④ 規定の中には、戦後の混乱期に制定されたもので、時代の変化に伴い見直しが必要となっていたにもかかわらずそのままにされているものがあること。

2 税制調査会での審議

国税通則法の法制化に向けて新たに設置された政府税制調査会での審議に当たっては、これらの問題点も十分に踏まえ、税法の簡易平明化と租税に関する基本的な法律関係の明確化及び税制の簡素合理化に向け、次のような広範な分野について検討が行われました。

① 税法の解釈適用の原則について

② 租税債権の期間的制限について

③ 課税方式、申告賦課の諸手続等について

④ 附帯税額及び通告処分について

⑤ 記帳義務、質問検査権、資料提出義務について

⑥ 税務争訟について

⑦ 罰則、犯則取締及び人格のない社団等について

3 将来の検討課題とされたもの（法制化が見送られたもの）

国税通則法制定という同一のテーマについて、3年間もの長期にわたる審議を踏まえた税制調査会の答申は、当時としては、諸外国の最新事例もふんだんに取り入れた斬新なものでした。しかし、それでも全ての分野について結論を出すまでには至りませんでした。その結果、例えば、

次のような事項については、将来の検討課題として、さらに研究を続けていくこととされました。

① 実質課税の原則に関する規定の創設並びに租税回避の禁止等に関する宣言規定の創設^(注) ……当時、諸外国で同様の趣旨の規定を設けるところが少なかったことから、時期尚早として見送りに。

> 注 ちなみに、「租税回避行為の禁止」について、答申では、「納税者が私法上許された契約形式等を濫用することにより税負担を不当に回避し、又は軽減することを防止するため、租税回避行為が行われた場合には、課税標準の計算上はそのとられた契約形式等にかかわらず、その場合に通常とられるであろう契約形式等のもとにおけると同様な課税を行うという趣旨の規定を設けるべきである。」としていました。

② 一般的な記帳義務に関する規定の創設……なお、この点については、昭和59年に納税環境整備により、一部についてではありますが所得税法及び法人税法で明文化されました（所231の2、法150の2）。
　　また、平成23年度の税制改正で全納税者に拡大されています。

③ 質問検査権に関する規定の統合化……この点については、平成23年度の改正で統合化が図られています。

④ 資料提出義務違反についての過怠税の新設^(注)

> 注 例えば、所得税法242条では、支払調書提出義務違反等については罰則（1年以下50万円以下）の規定が設けられていますが、過怠税についての規定は設けられていません。

4 新しい国税通則法の基本的考え方

　旧国税通則法（平成23年全見直し前）は、どちらかといえば課税庁の観点から作られていました。

　それに対し、平成23年に全面改正された新しい国税通則法は、納税者の立場がより重視されたものとなっています。

注　平成23年の税制改正大綱（第2章）では、納税環境整備として次のような取組みを行う旨が明記されていました。

① 納税者の立場に立って納税者権利憲章を策定するとともに、税務調査手続の明確化、更正の請求期間の延長、処分の理由附記の実施等の措置を講じることとし、国税通則法について昭和37年の制定以来、最大の見直しを行う。

② 国税不服審判所の改革については、納税者の簡易・迅速な権利救済を図り、審理の中立性・公正性を高める観点から、行政不服審査制度全体の見直しの方向を勘案しつつ、不服申立ての手続、審判所の組織や人事のあり方について見直しを進めていく(※)。

※ 審判官（99名）の過半数は任期付採用等とする旨の方向性。

1 総　則

第1節　国税通則法の概要

1　国税通則法の目的

　国税通則法の目的につき、同法第1条では次のように規定されています。

　「この法律は、国税についての基本的な事項及び共通的な事項を定め、税法の体系的な構成を整備し、かつ、国税に関する法律関係を明確にするとともに、税務行政の公正な運営を図り、もって国民の納税義務の適正かつ円滑な履行に資することを目的とする。」

　この規定を分解してみると、次の3つに区分されます。

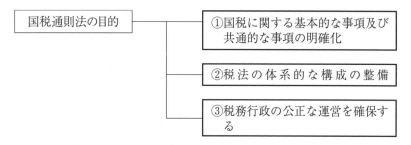

（1）国税に関する基本的な事項及び共通的な事項の明確化

　国税を納める義務（納税義務）に関する法律関係は、納税者の利害に直接影響するものです。したがって、納税義務はいつ成立し、いかなる行為によって具体的に確定するか、課税と徴収はいつからいつまでの間にできるか、税務職員による質問検査権をどの程度まで認めるかなど、国民にとって極めて重要な基本的事項を明らかにすることが必要です。そのため、国税通則法は、国民の権利利益にも配慮しつつ、これらの基本的な事項について規定するものであることを明確にしています。

なお、「国税に関する基本的・共通的な事項」が、具体的にどのようなものをいうのかについて、同法でははっきり書いてありません。しかし、国税通則法の制定経緯等をみてみますと、少なくとも次のような事項はこれに含まれると考えるべきでしょう。

イ　納税義務の確定時期

ロ　いったん確定した納税義務の履行を延長するための手続

ハ　各税法間の規定の重複を避け、税法全体を簡明化

（2）税法の体系的な構成の整備

　税法は、国民の多くに直接関係してくる重要な法律です。したがって、その規定ぶりも、納税者の理解が容易に得られるような表現ぶり及び内容のものにする必要があります。そのため、我が国では、納税義務者、課税標準、税率など、課税の実体に関する規定は各税法において規定し、各税法の手続に関する事項や、共通的な事項については、国税通則法に規定して税法全体の構成を体系的に整えるという形が採用されています。

（3）国民の権利・利益の保護と税務行政の公正な運営

　国税に関する基本的な事項と共通的な事項を国税通則法に統一して規定することにより、納税義務の適正かつ円滑な履行と税務行政の公正かつ能率的な運営が可能になります。

2　国税通則法の内容

（1）国税通則法の規定の仕方

　国税通則法の規定の仕方としては、通則法的な部分を含むすべての税法を、内国歳入法という形で一つの法律で規定するという米国やフランス流のやり方と、ドイツなどのように、各個別税法と並立する形で共通法である通則法を制定するというやり方があります。

　我が国では、従前から税目毎に各税法が存在していました。そのため、国税通則法の制定にあたっては、ドイツ型方式と同じく、これ（国税通則法）を別個の法律として規定するというやり方が採用されました。

通則法の制定スタイル

日本では…

ドイツ型（通則法）

アメリカ、フランス型（内国歳入法）

※　イギリスでも、当時国税通則法的なものは設けられていませんでしたが、1970年にドイツ、日本型の形で導入されています。

（2）国税通則法の体系

　国税通則法は、全体で160か条をもって構成されていますが、その主な内容は次のように区分されています[注]。

主な内容………①　目的、期間の計算、書類の送達及び収受、納付義務の承継、連帯納付義務、納税管理人に関する規定

　　　　　　　②　納税義務の成立及び確定の時期、確定方法に関する規定

　　　　　　　③　納付義務の確定した国税の納付方法及び徴収手続に関する規定

　　　　　　　④　納税の猶予及び担保に関する規定

　　　　　　　⑤　納め過ぎた国税の還付及び還付加算金に関する規定

　　　　　　　⑥　本税に附帯して課される延滞税、利子税及び加算税に関する規定

⑦　更正、決定、徴収、還付などについての期間制限に関する規定

⑧　国税の調査に関する規定

⑨　行政手続法との関係に関する規定

⑩　不服審査及び訴訟に関する規定

⑪　犯則事件の調査及び処分

注　ちなみにドイツの租税通則法（Abgaben Ordnung）の構成は、次のようになっています。

1　所管官庁に関する規定……わが国では行政組織法で規定

2　納税猶予、担保等といったいわゆる実体部分に係る規定……わが国では個別税法でも規定

3　強制徴収に関する規定……わが国では国税徴収法で規定

4　罰則……わが国では個別税法で規定

　また、わが国の国税通則法制定時に見送りとなった「租税回避行為」を規制する、次のような規定が設けられています（A.O第42条）

「(1)　租税法律は、法の形成可能性の濫用によって回避することはできない。濫用が存在する場合には、租税請求権は、経済事象に適合した法的形成（einer den wirtschaftlichen Vörgangen angemessenen rechtlichen Gestaltung）の場合に成立するのと同じく成立する。

(2)　前項の規定は、その適用可能性が法律上明文で排除されていない場合に適用することができる。」

　なお、この規定は、2007年に、次のように改正されています。

「(1)　租税法律は、法の形成可能性の濫用によって回避することはできない。租税回避の防止のための個別租税法律の規定の要件が充足される場合には、当該規定によって法効果が決定される。それ以外の場合において、第2項に規定する濫用が存在するときは、租税請求権は、経済事象に適合する法的形成をした場合に成立するのと同じく成立する。

(2)　濫用は、不相当な法的形成が選択され、相当な形成と比較して、納税義務者または第三者に法律上想定されていない租税利益〔税負担の軽減ないし排除〕がもたらされる場合に、納税義務者が、その選択した当該法的形成について状況の全体像から見て租税外の相当な理由があることを証明した場合には、存在しないものとする。」（下線部分、筆者強調）

（表1）国税通則法の体系（かっこ書の数字は通則法の条文番号です。）

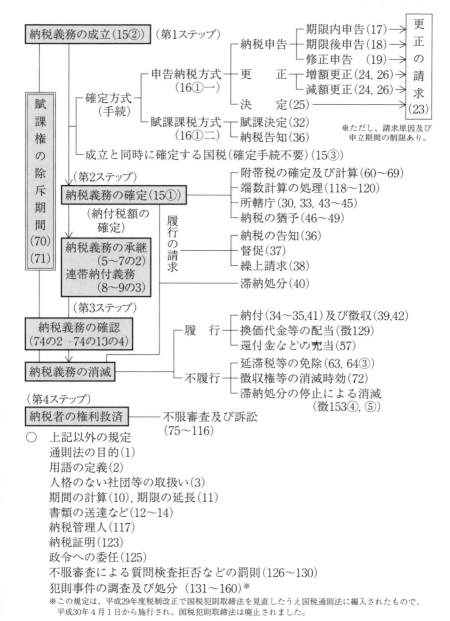

○　上記以外の規定
　　通則法の目的（1）
　　用語の定義（2）
　　人格のない社団等の取扱い（3）
　　期間の計算（10），期限の延長（11）
　　書類の送達など（12〜14）
　　納税管理人（117）
　　納税証明（123）
　　政令への委任（125）
　　不服審査による質問検査拒否などの罰則（126〜130）
　　犯則事件の調査及び処分　（131〜160）※
※この規定は、平成29年度税制改正で国税犯則取締法を見直したうえ国税通則法に編入されたもので、
　平成30年4月1日から施行され、国税犯則取締法は廃止されました。

3 国税通則法と他の税法等との関係

（1）個別税法との関係

　通則法とその他の税法との関係を、国税債権の発生から消滅に至る過程に沿ってみてみると次のようになっています。

①　国税債権を成立させるための課税要件などに関する課税実体規定並びに期限内申告及びこれに伴う納付に関する規定——これらについては、所得税法や法人税法、又は相続税法などの各個別税法に規定されています。

②　期限後申告から更正・決定まで及びこれに伴う納付、徴収、還付、税務職員による質問検査並びに附帯税、税務争訟などの共通規定、さらに脱税などの犯則取締に係る調査等の規定——これらについては、国税通則法の定めるところによります。

③　これらとは別に、滞納処分に関しては国税徴収法が定められています。

　これを図の形で示せば次のようになります。

（図1）国税通則法と各税法との関係

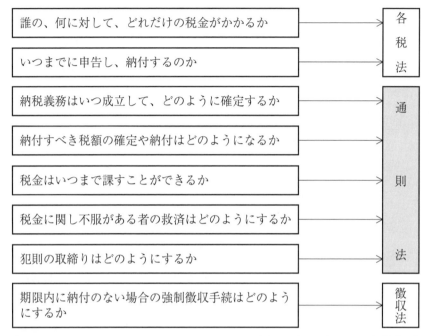

誰の、何に対して、どれだけの税金がかかるか	→	各税法
いつまでに申告し、納付するのか	→	
納税義務はいつ成立して、どのように確定するか	→	通則法
納付すべき税額の確定や納付はどのようになるか	→	
税金はいつまで課すことができるか	→	
税金に関し不服がある者の救済はどのようにするか	→	
犯則の取締りはどのようにするか	→	
期限内に納付のない場合の強制徴収手続はどのようにするか	→	徴収法

〔資料出所：国税庁税務大学校講本「国税通則法」（令和5年度版）3頁より抜すい〕

　しかしながら、共通事項であっても、そのすべてが通則法に規定されているわけではありません。例えば、期限後申告から税務争訟に至る手続規定や相続等に係る包括承継、送達などのうち、各税固有の事情に基づく特別規定は、各個別税法に部分的に散在しています。

　ちなみに、国税通則法第4条（（他の国税に関する法律との関係））では、この関係を明確にするため、「他の国税に関する法律に別段の定めがあるものは、その定めるところによる。」と規定しています。

（2）国税徴収法との関係

　国税徴収法では、滞納になった場合等における国税債権の強制的実現

手続が定められていますが、これらの規程はすべての税目に共通して適用されます。その意味でいえば、国税徴収法は個別税法に対して共通法的地位にあり、国税債権に係る滞納処分手続については、国税徴収法が一般法となります。しかし、滞納処分手続を行い得る権限の主体（徴収の所轄庁（通43、44））等の基本的な事項又はその手続等についての共通的な事項（納税義務の承継又は連帯納付義務、期間の計算及び期限の特例、書類の送達等（通5〜14））については、国税通則法の定めるところに委ねられています。したがって、国税通則法は、国税徴収法に対しても一般法ということになります(注)。

> 注　もっとも、例えば、ある納税者の行為について、滞納処分の執行を、国税通則法第42条による詐害行為の取消権を行使した後に行うか、又はその行為を一応是認した上国税徴収法第39条による第二次納税義務を負わすことによって行うかは、必ずしも一般法と特別法との関係をもって論ずることはできません。その意味では、どちらが一般法であり、どちらが特別法であるかについて、一義的に決定できない場合もあります（福岡高判、昭和33年11月10日判決、昭32（ネ）574号）。更に、国税通則法のなかには、納税の猶予（通46）、不服申立てがあった場合の滞納処分の執行不停止等（通105）といった滞納処分に関する特例規定が定められています。これらの規定は、一般法たる国税通則法上の規定ですが、国税徴収法の特例規定となっています。
>
> 　ちなみに、福岡高裁判決（昭33.11.10）では、債権者取消権は、納税者の行為が租税債権を害することを国又は地方公共団体が覚知した時から2年間行使しないとき、又は納税者の行為の時から2年が経過した時のいずれか早い時点に、時効により消滅するとしています。

（3）行政手続法との関係

　行政手続法は、処分、行政指導及び届出に関する手続並びに命令等を定める手続に関し共通する事項を定めることによって、行政運営における公正の確保と透明性の向上を図り、もって国民の権利利益の保護に資

することを目的として制定された法律です（同法1）。したがって、原則的には、更正・決定・差押等の処分や修正申告の勧奨、納付の勧奨等といった国税の分野も、当然に適用対象になります。

しかしながら、行政は極めて多岐にわたるものであり、この法律をすべての行政分野に一律に適用することは適当ではありません。特に、国税のように、本来国の行政権の行使とみられないような特殊性を有する行政分野については、適用除外措置を講じる必要があります。このような観点から、国税通則法は行政手続法に対する特例（第7章の3　適用除外）とされ、行政手続法の特別法として位置付けられています。

（4）行政不服審査法及び行政事件訴訟法との関係

行政不服審査法は、行政庁の違法又は不当な処分その他公権力の行使等が行われた場合において、国民に対し広く行政庁に対する不服申立ての道を開くことによって、簡易迅速な手続による国民の権利・利益の救済を図るとともに、行政の適正な運営を確保することを目的として制定された法律です（審1）。

また、行政事件訴訟法は、行政事件に関する裁判手続について規定した法律です。そして、これらは、両者を合わせて一般に行政争訟法と呼ばれています。

国税に関する各種の処分（更正、決定、却下など）も、行政庁による処分に該当します。したがって、国税に関する処分に不服がある場合や、その処分の取消しを求める裁判での訴えに対しても、原則的には当然一般法であるこれらの法律が適用されることになります。

しかしながら、国税に関する処分については、それが大量に発生し、かつ、高度な技術性を有しているという点で、他の行政処分とは著しく

その性質を異にしています。

　このようなことから、国税通則法では、第8章「不服審査及び訴訟」で、これらの両法律に関する特例規定を置いています。すなわち、ここでも、国税通則法は行政不服審査法及び行政事件訴訟法の特別法として位置付けられています。

4 国税通則法と会計法等との関係

　国税通則法は、国税に関する法律です。国税は国の歳入になるということから、この法律（国税通則法）も、結果的には財務に関する法律の一分野ということになります。したがって、財政の基本に関して定めた財政法の精神（財政法1）に従わなければなりません。特に、国の債権の免除等に関する規定（財政法8）及び国の財政管理の基本原則に関する規定（財政法9）は、基本的に国税にも適用されることとなります。

　また、財政には、国の内部で財産を管理し、会計を経理する法律として、国のあらゆる金銭収支に関する会計について規定した会計法及び国税の出納関係を規定した国税収納金整理資金法などがありますが、財政権力作用についての法規範である国税通則法は、これらの管理的法律とは規制の範ちゅうを異にしています。

　したがって、会計法や国税収納金整理資金法と国税通則法との間には、国税通則法と個別税法の間のような明確な一般法・特別法の関係は存在していません。

これまでにみてきたところをイメージ図の形で示すと次のようになります。

（図2）国税通則法の地位

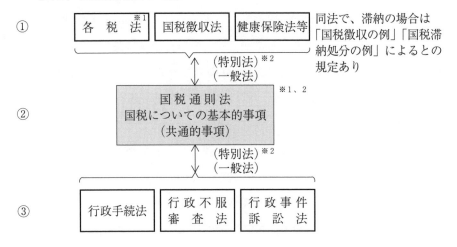

① 各　税　法 [1]　　国税徴収法　　健康保険法等　　同法で、滞納の場合は「国税徴収の例」「国税滞納処分の例」によるとの規定あり

（特別法）[2]
（一般法）

② 国　税　通　則　法 [1、2]
　国税についての基本的事項
　（共通的事項）

（特別法）[2]
（一般法）

③ 行政手続法　　行政不服審査法　　行政事件訴訟法

※1　各税法で規定されていたもののうち質問検査権に関する事項については、平成28年の改正で国税通則法のなかにまとめて規定されました。
※2　特別法は一般法に優先して適用されます。したがって適用順位は
　　　① → ② → ③ の順となります。

〔資料出所：同前4頁より抜すい、一部修正〕

第2節　国税通則法上の当事者

1　税務行政組織（財務省設置法）

　財務省は、国の財務に関する行政事務を一体的に遂行する機関として設置されています（財務省設置法4一）。

　したがって、内国税や関税、とん税等の賦課徴収といった国の財務に関する事務も、終局的には財務大臣に帰することになります。しかし、日々の執行については、国税庁を始めとする専門的行政機関である税務行政機関に任せることとしています（同法第3章及び第4章）。

（1）税務行政機関

　イ　国税庁

　国税庁は、「内国税」[注]を賦課、徴収することを主たる任務として設置されています（同法19）。

> [注]　上記の他、酒類業の健全な発達や税理士業務の適正な運営の確保を任務としています。

　しかし、本庁では、賦課、徴収に直接係わる事務は原則として行っておらず、その事務は、第一線の執行機関である国税局及び税務署で行われています（同法23、24）。

　ロ　国税局

　国税局は、国税庁の地方支分部局として全国の主要地11か所（そのほか沖縄に国税事務所）に置かれています。国税局は、原則としてそれぞれの所在地の名称を使用し、東京、関東信越、大阪、札幌、仙台、名古屋、金沢、広島、高松、福岡、熊本国税局という名で呼ばれています。

国税局は、税務署の指導、監督を行うほか、大規模法人の調査や大口滞納の整理、大口脱税の調査（いわゆる査察）については、自ら直接その事務を行っています。

ハ　税務署

税務の事務を第一線で担当しているのは税務署です。ここでは、内国税の賦課、徴収に関する事務のうち、国税局で所掌している事務を除くすべての事務が行われています。税務署は全国で524（令和6年1月1日現在）置かれています。

（2）その他の税務行政機関

租税のうち、関税、とん税及び特別とん税については、財務省の関税局及びその地方支分部局である税関（税関支署を含む。）でその事務が行われています。

なお、税関では、輸入貨物に対して課される消費税などの内国税の賦課、徴収の事務も併せて行われています(注)。

> 注　なお、英国では、日本で関税局（及び税関）の所管となっている関税についても、日本の国税庁に相当する機関である歳入関税庁（Her Majesty's Revenue and Customs …略称 HMRC）の所管となっています。

また、登録免許税については登記所や特許認可等を担当する官庁又は団体の長（例えば、税理士登録の場合における日本税理士会連合会会長など）が、自動車重量税については国土交通大臣（その下部機関及び軽自動車検査協会を含む。）がその具体的執行を担当しています。

さらに、森林環境税については市町村が、特別法人事業税については都道府県が、それぞれ賦課徴収を行います。

（3）当該職員

　税務行政機関に所属する職員は、「当該職員」という名で呼ばれています。「当該職員」には、調査や徴収のために必要な権限である質問検査権や徴収権が与えられています（例えば、通74の２）。

　すなわち、税務行政機関の権限は、具体的にはこれらの当該職員によって行使されることになります。その意味で「当該職員」も国税通則法上の当事者となります。

2　納税者等（通２及び各税法で規定）

　税務行政の一方の当事者は、国税庁、国税局及び税務署などといった税務行政機関ですが、これに対するもう一方の当事者は「納税者」になります（通２五）。「納税者」は、更に、国税に関する各税法の規定により国税を納める義務を負う「納税義務者」と、源泉徴収による国税を徴収して国に納付しなければならない「源泉徴収義務者」、さらには納税義務者と連帯して納税義務を負う連帯納税義務者（通９）、本人が滞納した場合一定の関係を有する者が納付義務を負う「第二次納税義務者」（以下単に「源泉徴収義務者等」といいます。）等とに分けられます（通２五、所５、６、徴２六ほか）。

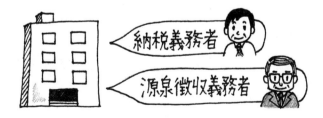

（表2）主な国税の納税義務者等一覧表　〔資料出所：財務省〕

区分	国税の種類	納税義務者	課税標準	納税義務成立の時期	法定申告期限	法定納期限
直接税	所得税　源泉所得税	源泉徴収義務者（給与等の支払者）	利子、配当、給与、報酬料金等	支払の時（通15②二）		源泉所得税の徴収日の属する月（支払月）の翌月10日（所183①）
	申告所得税	居住者　非居住者	総所得金額、退職所得金額、山林所得金額（収入金額−必要経費＝所得金額）（1.1〜12.31分）（通15②一）	暦年の終了の時	翌年3月15日　期間（2.16〜3.15）（所120①）	翌年3月15日　予定納税（1期…7月31日　2期…11月30日）（所128）（所104）
	法人税	法人・人格のない社団等	各事業年度の所得金額（益金の額−損金の額＝所得金額）	各事業年度の所得の時（通15②三）	事業年度終了の日の翌日から2月を経過する日（法74①）	左に同じ（法77）
	相続税	相続人・受遺者	課税価格（相続財産の価額の合計額）	相続又は遺贈による財産の取得の時（通15②四）	相続開始を知った日の翌日から10月を経過する日（相27）	翌年3月15日（相33）
	贈与税	受贈者	課税価格（受贈財産の価額の合計額）（1.1〜12.31分）	贈与による財産の取得の時（通15②五）	翌年3月15日　期間（2.1〜3.15）（相28①）	翌年3月15日（相33）
	地価税	土地等を有する個人・法人	（地）別表第1の課税時期に有する土地等の価額（不動産の価額等）	その年の1月1日（通15②六）	その年の10月31日　期間（10.1〜10.31）（地価25①）	その年10月31日　3月31日　2分の1　残額（地価28①）
	登録免許税	登記・登録を受ける者	（登）別表第1の課税標準欄に掲げる数量又は価額（不動産の価額等）	登記・登録の時（通15②十三）	—	登記・登録を受ける時（登27一）
間接税	酒税	酒類の製造者	製造場から毎月移出した酒類の数量	製造場から移出の時（通15②七）	翌月末日（酒30の2①）	翌月末日（酒30の4①）
	消費税	国内取引　課税資産の譲渡等又は特定課税仕入れを行った事業者	課税資産の譲渡等の対価の額及び特定課税仕入れに係る支払対価の額	課税資産の譲渡等又は特定課税仕入れを行った時（通15②七）	個人　翌年2月末日（特例により3月31）（措86の4）　法人　事業年度終了の日から2月を経過する日（消45①）	左に同じ（消49）
	消費税	輸入貨物　課税貨物を保税地域から引き取る事業者	関税課税価格、関税額、消費税以外の個別消費税額の合計額	保税地域からの引き取りの時（通15②七）	課税貨物の引取りの時（消47）	（消50）
	印紙税	課税文書の作成者	（印）別表第1の課税標準欄に掲げる金額	課税文書の作成の時（通15②十二）	課税文書の区分により異なる（印11、12）	（印8〜12）

（1）納税義務者（各税法で規定）

　「納税義務者」とは、所得税法、法人税法又は相続税法など各個別税法に定めるところにより、国税を納付すべき義務がある者をいいます（所5、法4、相1の3、1の4ほか）。

　ただし、国税通則法では、国税の保証人及び第二次納税義務者（徴33等）は納税者から除かれています（通2五）。それは、これらの者は納税義務者ではありますが、本来の納税者がその義務を履行しない場合にのみ補充的に納税義務を負う者であるとされているためです。

（2）源泉徴収義務者等

　国税通則法では、納税義務者に加え、源泉徴収による国税を徴収して国に納付しなければならない者も「納税者」とされ、税務行政機関に対応する他方の当事者として規定されています（通2五）[注]。

> [注]　なお、国際観光旅客税における、国際旅客運送事業を営む国内事業者及び国外事業者も、いわゆる特別徴収義務者として、国税通則法上の「納税者」に該当します。

　その代表的なものは、源泉徴収義務者です。源泉徴収義務者は、自ら税の負担をするわけではありません。その意味でいえば、個別税法で規定されている納税義務者とは異なります。しかし、国との間における源泉所得税の徴収及び納付の面では、通則法でいう「納税者」としての立場に区分されます[注]。

　これらの関係を一覧表の形でまとめると前頁の表2のようになります。

> [注]　ただし、源泉徴収を受けている者（いわゆる受給者）は、課税庁との関係でいえば当事者ではありません。
> 　したがって、源泉徴収義務者に対する納税告知について不服申立て等ができるのは、源泉徴収義務者に限られています（最高裁一小、昭和45年12月24日判決、昭43（オ）258号、民集24巻13号2243頁）。

同様に、受給者が申告する場合にも、源泉徴収税額が正しいものとして申告しなければならないこととされています（最高裁三小、平成4年2月18日判決、平2（行ツ）155号、民集46巻2号77頁）。

（3）連帯納税義務者（通8）

　共有物等に対して課される租税については、本人のみでなく共有者も連帯して納税義務が課されます。したがって、これらの者も広義の当事者ということになります[(注)]。

> 注　連帯納税義務に関しては一定の範囲で民法の規定（民432以下）が適用されます（通8）。

（4）第二次納税義務者

　同様に、納税義務者が租税を滞納した場合、その財産について滞納処分を執行してもなお不足すると思われる場合、納税義務者と一定の関係にある者が納税者に代わって租税を納付することとされています。いわゆる第二次納税義務者です。したがって、これらの者も広義の当事者ということになります[(注)]。

> 注　「第二次納税義務制度は、納税者の財産につき滞納処分を執行しても、なおその徴収すべき額に不足すると認められる場合において、形式的には財産が第三者に帰属しているとはいえ、実質的にはこれを否認して、納税者にその財産が帰属していると認めても公平を失しないような場合に、その形式的な財産帰属を否認して、私法秩序を乱すことを避けつつ、その形式的に財産が帰属している第三者に対し補充的、第二次的に納税者の納税義務を負担させることにより租税徴収の確保を図ろうとする制度である」（大阪高裁、昭和48年11月8日判決、昭47（行コ）2号、行裁例集24巻11・12号1227頁）。

3 納税管理人、税理士

（1）納税管理人（通117）

　日本国内に住所又は居所を有しない納税者は、納税申告書の提出や納付又は申告書提出後に税務上の照会や調査を受けた場合に、自らそれらを行ったり、当局との対応をしたりすることができません。そこで、そのような場合には、日本国内に納税管理人を置いて、これらの事務を遂行してもらうことにしています（通117）^(注)。

> 注　出国後に納税管理人を定めたとしても申告納付期限延長にはなりません（所得税法127条では「出国までに」と規定）ので、（本人の出国後に）納税管理人を通じて出された申告は、期限後申告となります（平成14年11月13日裁決、裁決事例集 No.64、196頁）。

　納税管理人は、納税者の代理人としての性質を有し、その権限内でした行為については、直接納税者にその効力が及びます（民99）^(注)。

> 注　なお、納税環境整備の一環として、令和3年度の税制改正で、税務当局による「特定納税管理人」の指定など納税者に対する納税管理人制度の拡充措置が講じられています。

　ただし、納税管理人は、租税債務者ではありません。したがって、租税債務者に対して直接行使される法律上の処分等（例えば、滞納処分や加算税）の対象となることはありません。

（地方税の場合）

　なお、納税管理人の制度は、地方税においても設けられています（地方税法300ほか）。

（2）税理士（税理士法）

　納税者の税法上の行為は、代理を排除する性質のものではありません。このことは、納税管理人の例をみても明らかです。このような趣旨で設けられている制度が「税理士」という税金の専門家による代理制度です。

　税理士について規定した「税理士法」によれば、「税理士」とは、税務に関する専門家として、納税者の諸行為を代理し、また、税務に関する書類の作成及び相談に応ずることとされています（税理士法2）。

　そして、税理士（又は税理士法人）以外の者は、原則として、税理士業務を行うことはできません（同法52）。

　このように、税理士は、税務行政上重要な役割を果たすことが期待されています。そのため、税理士には、公正な立場からその職務を果たすよう求められています。

　ちなみに、税理士法では、税理士の使命について次のように述べています（同法1）。

　「税理士は、税務に関する専門家として、独立した公正な立場において、申告納税制度の理念にそって、納税義務者の信頼にこたえ、租税に関する法令に規定された納税義務の適正な実現を図ることを使命とする。」

第3節 期間及び期限

1 期間と期限の差

「期間」と「期限」、似たような名称ですが、法律的には、両者には明確な差があります。

すなわち、「期間」がある時点から別の時点までの継続した時の区分をいうのに対し、「期限」とは、法律行為の効力の発生、消滅又はこれらの法律行為と事実行為の履行が一定の日時に定められている場合における、その一定の日時のことを指します。

また、「期間」には延長はありませんが、「期限」については、一定の場合延長が認められています（通10②）^(注)。

> 注 ただし、更正の請求の申出には延長は認められていません。

2 期 間（通10、70、71）

更正や決定に際して重要なのは「期間」です。「期間」とは、ある時点から別の時点までの継続した時の区分をいいます。

したがって、「期間」においてはそれがいつ始まり、いつ終るのかが重要な問題となってきます。

ちなみに、国税に関する法律においては、日、月又は年をもって定める「期間」の計算は次により行うこととされています。

イ　起算点

　「期間」の計算をする場合、期間の初日は算入しないで、翌日を起算日とするのが原則です（通10①一本文）。ただし、期間が午前０時から始まるとき、又は特に初日を算入する旨の定めがあるときは、初日を起算日とします（通10①一ただし書）。

ロ　「期間」の計算と満了点

　「期間」が月又は年をもって定められているときは、暦に従って計算します（通10①二）^{（注）}。

> 注　　例えば、年の中途で事業の用に供された減価償却資産の償却限度額は、事業の用に供した日から当該事業年度終了の日までの期間の「月数」と事業年度の「月数」の比によることとされています（法令59）ので、例えば３月決算の法人が取得した資産を12月１日から事業の用に供しても12月28日から事業の用に供しても、減価償却費の限度計算においては12月〜３月の４か月間ということになります。

　ここで、暦に従うとは、１ヵ月を30日又は31日とか、１年を365日というように日に換算して計算することではなく、例えば、１ヵ月の場合は翌月の起算日に応当する日（以下「応当日」という。）の前日を、１年の場合は翌年の起算日の応当日の前日を、それぞれの期間の末日として計算するということです。

　また、満了点は、次のようになります。

A　月又は年の始めから期間を起算するときは、最後の月又は年の末日の終了時点（午後12時）^(注)。

> [注]　したがって、例えば、1月1日を起算点とした場合の1か月の終了時点は1月31日となりますが、2月1日を起算点としたときは2月28日（又は29日）が終了時点ということになります。

B　月又は年の始めから期間を起算しないときは、最後の月又は年において起算日の応当日の前日の終了時点（通10①三本文）。この場合、最後の月に応当日がないときは、その月の末日の終了時点（通10①三ただし書）^(注)。

《例示》

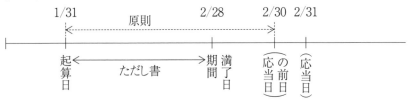

> [注]　したがって、例えば1月31日を起算点とする場合、それから1月以内ということになりますと、応当日の前日は2月30日ということになります。しかし、そのような日は存在しませんので、2月28日（うるう年であれば2月29日）が満了日ということになります。

ハ　「期間」の計算が過去にさかのぼる場合

　「期間」の計算が過去にさかのぼる場合には、例えば、その起算日が「法定納期限の1年以上前」（徴35①）のように、丸1日として計算できる場合を除き、その前日を第1日として過去にさかのぼって計算することになります。

（表3）期間計算の具体例

用　語	説　　明	例　　示
1 〜日から	(1) 原則・初日不算入（通10①一本文） 　（例）その理由のやんだ日から2月以内 　　　（通11）	6/1　6/2 ・・・・・・・・ 2月 ・・・・・・・・ 8/1　8/2 理由の／やんだ日／起算日／満了日（点）／応当日
	（例）納付の日から3日以内（徴131）	8/1　8/2 ・・・ 3日 ・・・ 8/4 代金納付の日／起算日／満了日
	(2) 特例・初日算入（通10①一ただし書） 　（例）事業年度終了の日の翌日から2月 　　　以内（法74①） 　　　午前0時から始まる。	3/31　4/1 ・・・・・・ 2月 ・・・・・・ 5/31 終了の日／翌日（起算日）／満了日（最終月の末日）
	（例）事業年度開始の日以後6月を経過 　　　した日から2月以内（法71①） 　　　午前0時から始まる。	4/1 ・・6月・・10/1・・2月・・11/30 開始日／6月を経過した日（起算日）／満（最終月の末日）
2 〜日から 　　起算して	期間の初日（起算日）を明確にする場合に 用いられます。 　（例）督促状を発した日から起算して10 　　　日を経過した日（通40）	4/27　・・・・・・ 10日 ・・・・・・ 5/6　5/7 督促状郵送／（起算日）／経過する日／経過した日
3 経過する 　　日	期間の末日 　（例）〜の翌日から起算して1月を経過 　　　する日（通35②二） 　　　1月を経過する日と同じである。	8/25　8/26 ・・・・・・ 1月 ・・・・・・ 9/25　　　9/26 発した日／翌日（起算日）／経過する日＝納期限／応当日
	（例）〜の翌日から起算して1月を経過 　　　する日（通35②二、通10①三ただし 　　　書）	1/30　1/31 ・・・・・ 1月 ・・・・・ 2/28(29) 発した日／翌日（起算日）／（満了日）経過する日＝納期限／応当日なし
4 経過した 　　日	期間の末日の翌日 　（例）〜日から起算して7日を経過した 　　　とき（通14③）。	2/7　・・・ 7日 ・・・・・ 2/13　2/14 掲示を始めた日（起算日）／7日目（経過する日）／経過した日
5 以前	起算点となる日時を含みます。 　（例）法定納期限以前に設定〜（徴15）	←・・・・・・ 以前 ・・・・・・ 3/15 法定納期限
6 以後 7 以内	起算点又は期限の満了点となる日時を含み ます。 　（例）損失を受けた日以後1年以内に納 　　　付すべき国税（通46①）	本年　　　　　　　　　　　翌年 8/15 ・・・・・・・ 1年 ・・・・・・・ 8/14　8/15 受けた日（起算日）／満了日（点）／応当日
8 前又は後	起算点又は満了点となる日時は含まれま せん。 　（例）公売の日の少なくとも10日前まで 　　　に（徴95①）	5/14　5/15 ・・・・ 10日 ・・・ 5/24　5/25 前日（公売期限）／注10日前である15日の前日／起算日／公売日
	（例）提出すべき期限後に（通32①）	4/10　4/11 ・・・・・・ 後 ・・・・・・→ 提出期限／翌日

〔資料出所：国税庁税務大学校講本「国税通則法」（令和5年度版）8頁より抜すい、一部修正〕

3 「期間」計算の例

「期間」の代表的なものは、更正、決定等に係る期間制限です（通70、71）。

また、消費税法でいう「基準期間」（消2十四）や「課税期間」（消19）、国税の徴収権の「消滅時効（5年間）」などもこれに該当します（通72）。

「期間」の満了日については、「期限」の場合と異なり、延長等はありません。したがって、満了日が休日等であっても「期間」は延長にはなりません。

《例示》更正の期間制限（所得税の確定申告の場合）……延長はありません

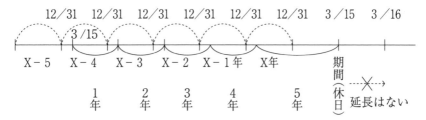

> |注| 例えば、X年分の所得についての「申告期限」は、当年の3月15日が休日ですので1日延長になりますが、（X－5）年分の申告に係る「更正可能期間」は延長がありませんので、当年の3月15日までしか更正できません。

4 期　限（通10、通令2、各税法）

「期限」とは、法律行為の効力の発生、消滅又はこれらの法律行為と事実行為の履行が一定の日時に決められている場合における、その一定の日時のことをいいます。例えば、所得税の確定申告、納付期限である3月15日や予定納税の納付期限である7月31日、11月30日などの確定日によるものなどが代表例です。

(1) 期限の延長

　なお、前述したように、「期限」については、一定の要件に当てはまる場合延長が認められています。ここでいう一定の場合とは、国税に関する法律に定める申告、申請、請求、届出その他書類の提出、通知、納付又は徴収に関する「期限」などです^(注1)。したがって、これらに係る「期限」（時をもって定める期限などを除く。通令2①）が日曜日、国民の祝日に関する法律に定める休日、その他一般の休日又は政令で定める日に当たるときは、これらの日の翌日が期限とみなされます（通10②）^(注2)。

> 注 1　なお、消費税の「簡易課税選択届出書」の提出については「期限」が設けられておらず、「当該届出書を提出した日の属する課税期間の翌課税期間」から適用とされています。したがって例えば1月5日に届出書を提出した場合でも簡易課税の適用は翌年からとなります（平成13年11月29日裁決、裁決事例集No.62、16頁）。
> 2　この場合の「一般の休日」とは、日曜日、国民の祝日以外の全国的な休日のことをいいますが、年始の1月2日と3日は、一般の休日に当たることとして取り扱われています。
> 　　また、政令で定める日とは、土曜日又は12月29日、同月30日若しくは同月31日をいいます（通令2②）。

《例示》所得税の確定申告の場合

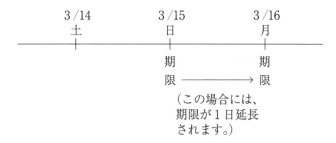

（注）　3月15日が土曜日のときは、3月17日まで延長（2日延長）されます。
　　　　なお、期限内に提出されたものであるか否かの判定は、通信日付印で行われます。

〔資料出所：同前9頁より抜すい、一部修正〕

（２）災害等による期限の延長

さらに、税務署長等は、災害その他やむを得ない理由により、国税に関する法律に基づく申告、申請、請求、届出その他書類の提出、納付又は徴収に関する期限までにこれらの行為ができないと認めるときは、その理由のやんだ日から２月以内に限り、その期限を延長することができることとされています（通11）^(注)。

これには「個別指定」「地域指定」と「対象者指定」の３種があります。

① 個別指定

所轄の税務署長に申告、納付などの期限の延長を申請し、その承認を受けることになります。

② 地域指定

災害による被害が広い地域に及ぶ場合は、国税庁長官が延長する地域と期日を定めて告示しますので、その告示の期日までに申告、納付などをすればよいことになります。

③ 対象者指定

なお、国税庁長官は、災害その他やむを得ない理由により、申告等をすべき者であって期限までにこれらの行為のうち特定の税目に係る特定の行為をすることができないと認める者が多数に上ると認める場合には、対象者の範囲及び期日を指定してその期限を延長することができることとされています。

> 注　なお、災害にあって損害を被った場合には、所得税法の雑損控除と災害減免法に定める税金の軽減免除のうちいずれか有利な方法を選ぶことができることとされています。

第4節　書類の提出、送達及び収受

　税務行政の仕事は、基本的には、各種の書類に基づいて進められます。

　したがって、それらの書類をどのような形で提出すべきか、また、い

つまでにどういうことが書類で行われなければならないか、などについ

ても、法律で細かい取決めがなされています。

1　書類の提出

(1) 署名、押印

　税務上の各種の申告、申請、届出等は、すべて書類で提出されること

を前提にしています^(注)。

> 注　「仮」と表示した申告書（最高裁三小、昭和59年1月19日判決）や、
> 「(筆者注：当局による申告誤りの指摘等について、これを) 是認す
> るものではないとした申告書（広島高裁岡山支部、平成2年4月19
> 日判決)」も有効な申告として取り扱われています。

　そして、これらの書類の提出に当たっては、本人が提出したことを明

らかにするため、提出者本人の住所、氏名（法人にあっては法人名）、番号

（個人番号又は法人番号）を記載することとされています^(注)。

> 注　令和3年度の改正で、税務関係書類に係る押印義務について原則
> 不要とされました。

　なお、場合によっては、これらの書類が、納税管理人又は税理士など

の代理人によって提出されることもあります。そのような場合には、提

出者本人の住所、氏名（法人にあっては法人名）に加え、納税管理人又は

税理士の住所及び氏名も併せて記載するとともに、これら代理人の署名、

押印が必要になります。

　ちなみに、代理人として書類の提出をすることができるのは、当局に対し、あらかじめこれらの書類の提出について、代理権限を有することを、書面により提出している者に限られます（通124）。

（2）記載事項

　税務署等に提出する書類のなかには、様式が特に定められていないものと、所定の様式が定められているものとがあります。

　そして、所定の様式が定められているもの（例えば、法人税申告書）のなかには、法令で求められた事項の記載がない場合には、書類の提出があったと認められない場合もありますので注意が必要です。

2　書類の送達（通12）

（1）送達とは？（通12①）

　納税者から税務署等に対して提出される書類と同様に、税務署等から納税者（代理人を含む。）あてに出される各種の連絡、通知も、原則として文書で行われます。

　これは、口頭による紛争を未然に防止するという点でも必要な措置と考えられています。このようなことから、諸外国においても税務当局と納税者との間の連絡は、文書で行うことを原則としています。

　そして、法律関係の効果の発生は、原則として税務署からの文書が納税者に送達された時点を基準とする考え方（いわゆる送達主義）が採用されています。

　なお、この場合、文書の納税者への送付（税法ではこれを「送達」と呼んでいます。）は、納税者の住所^(注)又は居所あてに行うこととされていま

す（通12①）。

> 注　ここで、「住所」とは、生活の本拠をいい、「居所」とは、人が相当期間継続して居住はしているものの生活の本拠という程度には至らないものをいうものと解されています（例えば所2①三）。

（2）送達の方法（通12①②、14ほか）

イ　原則的な送達方法

　　税務署等から発送される書類は、原則として、郵便若しくは信書便による送達又は職員が直接これらの書類を納税者あてに届けるという方法（このような方法を「交付送達」といいます。）によることとされています（通12①）。ただし、次のAとBに優劣はありません。

A　郵便又は信書便による送達

　　郵便又は信書便による送達は、一般的には通常のはがきや封筒などと同じ取扱いによることとされています。しかし、更正、決定などの通知書や差押えに関する書類など重要と認められる書類については、相手方への到達が証明できる簡易書留、書留又は配達証明など特殊取扱郵便によって行われます。

　　なお、通常の取扱いによる郵便又は信書便によって書類を発送した場合には、その郵便物又は信書便物が通常到達すべきであった時に送達があったものと推定されます（通12②）。この場合に、税務署長などは、その事実を明らかにしておくため、書類の名称、送達を受けるべき者の氏名（法人は名称）、あて先及び発送の年月日が確認できる発送簿を作成してお

かなければならないこととされています（通12③）。

B　交付送達

　「交付送達」とは、送達を行う職員が送達を受けるべき者に対して書類を交付することにより行う方法をいいます。この場合に、送達を行う職員は、交付した事蹟を明確にするため、送達記録書を作成し、これに受領者の署名を求めることとしています（通規1）。

　なお、交付送達は、その方法に応じ、更に次のように細分されます。

① 　原則的な交付送達（本人に直接）

　これは、送達を行う職員が、送達すべき場所において、その送達を受けるべき者に書類を交付することをいいます（通12④本文）。

② 　補充送達（使用人、同居者等でも可）

　「補充送達」とは、送達すべき場所において、書類の送達を受けるべき者に出会わない場合に、その使用人その他の従業者又は同居の者で、送達の趣旨を了解し、名あて人に交付されることが期待できる者（送達の趣旨を了解できる未成年者を含む。）に、書類を交付することをいいます（通12⑤一）。

③ 　差置送達（不在又は受領拒否のとき）

　「差置（さしおき）送達」とは、送達を受けるべき者、その使用人、

従業者又は同居の者が送達すべき場所にいない場合、又はこれらの者が正当な理由がなく書類の受取りを拒んだ場合に、送達すべき場所の玄関内、郵便受箱などにその書類を差し置くことにより送達することをいいます（通12⑤ニ）。

④　出会送達（異議がなければどこでも可）

「出会（であい）送達」とは、送達を受けるべき者に異議がないときに、送達を受けるべき場所以外の相手方と出会った場所、その他相手方の了解した場所（例えば勤務先など）で書類を交付することをいいます（通12④ただし書）。

これらを一覧表の形で示すと次のようになります。

（表4）書類の送達一覧表

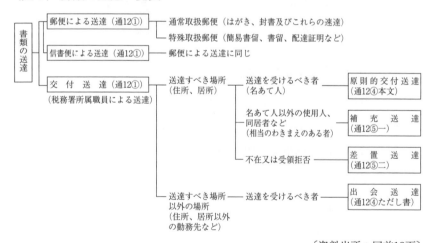

〔資料出所：同前13頁〕

ロ　例外的な送達方法——公示送達

税務署等からの書類の送達を受けるべき納税者（代理人等を含む。）の住所及び居所が明らかでない場合には、郵便による送達や交付送

達はできませんので、それに代わる別の送達手段が必要になります。

このような場合に採られる送達方法が「公示送達」という手段です（通14①）。

「公示送達」は、送達すべき書類の名称、送達を受けるべき者の氏名及びその書類をいつでも送達を受けるべき者に交付する旨を、税務署等の掲示場に掲示して行います（同条②）。

公示送達が行われる場合及び公示送達の方法を図解すると次のようになります。

（公示送達が行われる場合）

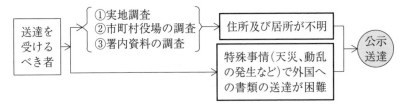

（公示内容及び公示方法）

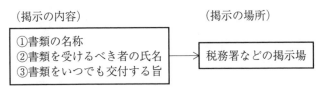

〔資料出所：同前14頁より抜すい、一部修正〕

注　令和5年度の改正で、公示事項をインターネットを利用する方法により不特定多数の者が閲覧することができる状態に置く措置がとられています（通14②）（公布の日である令和5年3月31日から起算して3年3月を超えない範囲内において政令で定める日から施行）。

（3）送達の効力発生時期（通14）

書類の送達の効力は、一般的には、その書類が社会通念上送達を受けるべき者の支配下に入ったと認められる時（すなわち、送達を受けるべき者

が了知し得る状態におかれた時）に生ずることとされています。例えば、郵便による送達の場合には送達先の郵便受箱に投入された時、交付送達の場合には送達を受けるべき者又はその使用人などに交付した時、差置送達の場合には差し置いた時ということになります。そして、いったん有効に書類が送達された以上は、たとえその書類の返れい等があったとしても、送達の効力には影響がありません。

　なお、公示送達の場合にあっては、掲示を始めた日から起算して7日を経過したときに書類の送達があったものとみなされます（通14③）(注)。

注　この場合には、期間の末日が日曜日又は国民の祝日等であっても公示送達の効力が生じる時期に影響はありません。したがって、掲示を始めてから8日目には、たとえその日が日曜日や国民の祝日等であったとしても、その日に書類の送達があったものとみなされます。

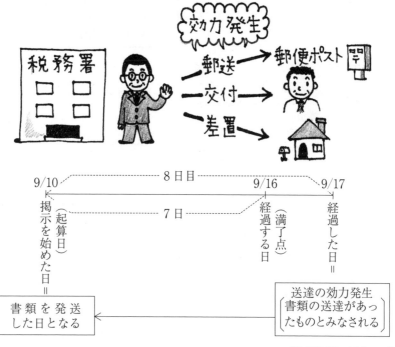

〔資料出所：同前14頁〕

3 書類の収受 （通2六、23、31、81、87ほか）

（1） 到達主義 （原則） ……当局からの文書

　税務署から納税者へ送付された書類は、一般的には、それらの書類が納税者に到達した時に効力を生ずることとされています。すなわち、原則的には到達主義という考え方が採用されています。

（2） 発信主義 （例外） ……納税者からの文書

　それに対し、納税者から税務署に郵便又は信書便により提出される文書、例えば、納税申告書（通2六）、課税標準申告書（通31①）、更正請求書（通23③）、再調査の請求書（通81①）、審査請求書（通87①）、延納届出書（所131②）などについては、原則として、郵便又は信書便の通信日付印（スタンプ印）に表示された日に提出されたものとみなされています（通22ほか）[注]。

> [注]　したがって、集配時間後の投函は原則として期限後となります。その通信日付印の表示がないとき、又はその表示が不鮮明のときは、通常要する基準所要日数から逆算して発送したと認められる日に提出されたものとみなされます。

　いわゆる「発信主義」という考え方です。これは郵便事情を考慮し、また、納税者と税務官庁との地理的間隔の差異に基づく不公平を是正する必要から特別に設けられた制度です。

　なお、平成18年度の改正で、発信主義の適用範囲が拡大されました[注]。ちなみに、納税者が提出する書類について、発信主義と到達主義の関係を一覧表の形で表したのが次の図です[注]。

> [注]　具体的内容については平成18年国税庁告示第7号を参照して下さい。

（図3） 発信主義と到達主義の関係

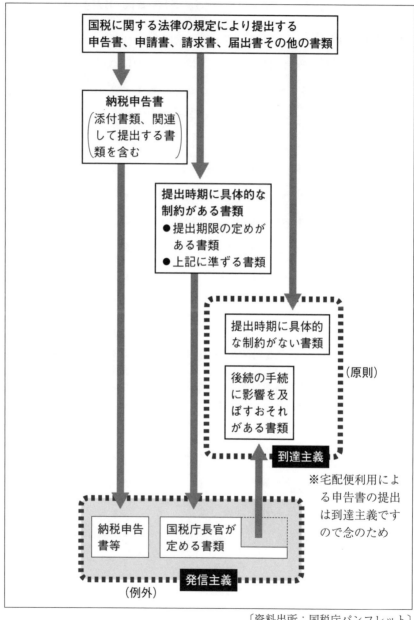

〔資料出所：国税庁パンフレット〕

4　インターネットによる申請、届出及び処分通知等

「行政手続等における情報通信の技術の利用に関する法律」（平成14年制定。以下、単に「行政手続オンライン化法」ないしは「情報通信技術利用法」と略します。）及び「国税関係法令に係る行政手続等における情報通信の技術の利用に関する省令（平成15年制定）」に基づき、国の行政機関等に対する申請、届出等の手続及び行政機関等からの処分通知等が、インターネットを介して行うことができるようになっています。

国税については、申告、納税及び各種申請・届出等の手続が利用可能となっています^(注)。

令和6年度の改正では、法人が、Gビズ ID（一定の認証レベルを有するものに限ります。）を用いて e-Tax により申請等を行う場合には、その申請等を行う際の電子署名等が要しないこととされました（関係する法令改正に合わせて施行）。また、納税者の事前同意が前提ですが、全ての処分通知等について、e-Tax により行うことができることとされました（令和8年9月24日施行）。

> 注　手続の詳細については「国税電子申告・納税システム（e‐Tax）ホームページ（http://www.e-tax.nta.go.jp）」で説明されています。

（電子申請等証明制度）

電子情報処理組織により申請等を行った者から請求があった場合、税務署長等は、電子情報処理組織により行った一定の申告等の日付、名称及びその送信した内容についての証明を電子情報処理組織を使用して行わなければならないこととなっています（措97、附則1）。

第5節　所轄庁と納税地

　税務行政機関と納税者等とを結びつける物的又は地域的な概念として「管轄」という言葉があります。これを税務行政機関側からみれば「所轄庁」となります。

1　所轄庁（通21、30、31、33、43ほか）

　「所轄庁」とは、更正、決定、徴収などの国税に関する処分を行う権限がある者及び納税者の行う申告、申請などを受理できる者のことをいいます。

　例えば、納税申告書や課税標準申告書を提出する際における「所轄庁」は、その国税の「納税地を所轄する税務署長」ということになります（通21①、31②）。また、更正、決定、賦課決定又は徴収についての処分を行う場合における「所轄庁」は、その国税の納税地を所轄する税務署長ということになります（通30、33、43）。

　なお、国税の徴収については、国税局長が必要と認めるときは、管内の税務署長から徴収の引継ぎを受けて、国税局長が徴収の「所轄庁」となることができることとされています（通43③）。

2　納税地（各税法で規定）

　これに対し、「納税地」は、税目により異なることから、各税法で定

めmられています。ちなみに、その主なものを挙げれば次のようになっています。

（表5）税目別にみた納税地一覧表

税　　　　目	納　　　税　　　地
申 告 所 得 税 ※	納税者の住所、居所又は事業所等の所在地（所15）
源 泉 所 得 税	給与などの支払地（所17）
法人税、地方法人税 ※	法人の本店又は主たる事務所の所在地（法16）
相　　　続　　　税	納税者の住所又は居所（相62）、ただし、<u>当分の間は、被相続人の死亡時の住所</u>（相附3）
贈　　　与　　　税	納税者の住所又は居所（相62）
酒　　　　　　　税	製造場の所在地（酒53の2）
消　　　費　　　税 ※	個人……住所、居所又は事務所等の所在地（消20） 法人……本店又は主たる事務所の所在地（消22）
電 源 開 発 促 進 税	電力会社の本店の所在地（電4）

※　これら三つについては納税地指定制度があります。
〔資料出所・国税庁税務大学校講本「国税通則法」（令和5年度版）18頁より抜すい、一部修正〕

3　納税地の異動と所轄庁（通21）

（1）原　　則

　申告所得税、法人税、贈与税、地価税、課税資産の譲渡等に係る消費税及び電源開発促進税の「納税地」は、住所又は本店などの所在地ですが、納税者が課税期間の開始後にその住所又は本店を移転する可能性もあります。

　このように、「納税地」が異動した場合には、新しい「納税地」を所轄する税務署長が「所轄庁」となります（いわゆる新納税地主義という考え方です）。

（2）特　　例

ただし、次のような特例が設けられています。

① 納税申告書が、異動前の旧納税地を所轄する税務署長に提出された場合、所轄違いであっても拒否することなく受理し、現在の納税地を所轄する税務署長に送付し、また納税者にその旨を通知します（通21②③）。

② 更正、決定、賦課決定又は徴収についての処分を行う際、旧納税地を所轄する税務署長が、納税者が異動したことを知らないか又は転出先が明らかでない場合において、その知らないこと又は明らかにできないことにやむを得ない事情があるときは、旧納税地を所轄する税務署長が課税処分及び徴収についての処分をすることができることとされています（通30②、33②、43②）。その結果、更正などの課税処分に競合を生じたときは、所轄権限を有しない税務署長がした課税処分については、これを取り消すこととなります[注]（通30③）。

> [注]　相続税についても新納税地主義が採用されています（通21②）が、当分の間、被相続人の死亡の時における住所地が納税地とされていますので（相附3）、相続発生による納税地の異動は生じません。
> 　死亡した者に係る所得税、贈与税、個人の地価税及び個人事業者に係る消費税についても、同じく、被相続人の死亡時における住所地が納税地となります（所16⑥、相62③、地価11④、消21④）。

（3）間接税の場合

酒税など個別間接税（課税資産の譲渡等に係る消費税を除く。）については、物税としての性格上、「納税地」は原則として、課税物件の製造場の所在地となりますので、異動を生じることはありません[注]。

> [注]　間接税における製造場の移動は、納税地の異動ではなく、旧製造場の廃止と新製造場の開始があったことを意味します。したがって、

ある課税物件の移出後に製造場が移動した場合においても、納税申告、更正などは、移動前の製造場の所在地を所轄する税務署長が所轄庁となります。

（4）源泉所得税の場合

　源泉所得税の納税地は、原則として、源泉徴収の対象とされている所得の支払事務を取り扱う事務所等のその支払の日における所在地とされています。

　ただし、その支払事務を取り扱う事務所等の移転があった場合には、移転前の支払に対する源泉所得税の納税地は、移転後の事務所等の所在地とされます（所17）。

2 納税義務の成立と確定

1　納税義務の成立とは？（通15）

　我が国の憲法（第30条）は、「国民は、法律の定めるところにより、納税の義務を負ふ」としています。それでは、いつの時点でその義務が成立するのでしょうか。

　「納税義務の成立」は、国の立場からみれば、国民に対して租税という形で金銭的納付を請求し得る権利の発生ということになります。他方、国民の側からみれば、租税を納付しなければならない義務の発生ということになります。

　国税について納税義務が成立するためには、租税法律主義の原則に基づき、国税に関する法律に定める要件が満たされることが必要です（最高裁、昭和42年3月14日判決、民集86号551頁）。

　この要件が、「課税要件」と称されているものです。そして、その内容については、所得税、法人税など各税法で規定されています。

　一般に課税要件としていわれているものには、次のようなものがあります。

　①　課税権者……課税権者は、一般的には、国の行政機関たる税務署長ということになります。しかし、税目によっては税関長や登記官のこともあります。

　②　納税義務者…納税義務者とは、国税に関する法律の定めにより国税を納める義務がある者及び源泉徴収義務者をいいます（通2五）。

　③　課税物件……課税物件とは、課税上の関係を生じる基礎となる税

法上の事実をいいます。

　　例えば、所得税法でいえば「所得を有すること（所7）」ですし、相続税法でいえば「財産を取得したこと（相2）」ということになります。

④　課税標準……課税標準とは、課税物件を金額、容量又は件数等の数字で表したもので、税額算出の基礎となるものをいいます（通2六）。

　　例えば、「総所得金額（所22①）」「課税価格（相11の2）」「譲渡等の対価の額（消28①）」がこれに当たります。

⑤　税率…………税率とは、課税標準に対して課される税額の割合のことをいいます。そして、それは、例えば、「百分比（所89、法66）」「一定金額（酒22など）」などにより表示されます。

　　また、税率は、比例税率（消29）と累進税率（所89など）に分けられています。

これらの関係を図示すると次のようになります。

（図4）課税要件（納税義務の成立要件）一覧表

		（　誰　が　）	（　誰　の　）	（　何　を　）	（どれだけに）	〔どんな割合で〕
例	所得税	国	居住者など	所　得	金　額	超過累進税率
	酒　税	国	酒造業者など	酒　類	数　量	比例税率
		課税権者 （権限主体）	納税義務者 （課税主体）	課税物件 （課税客体）	課税標準	税率

　　　　　　　　　……（当事者）……
　　　　　　　　　　　　　　　（この結び付きを帰属といいます。）

〔資料出所：国税庁税務大学校講本「国税通則法」（令和5年度版）20頁〕

2 成立の時期（通15②、各税法）

　納税義務の成立時期は、税目によって異なります（特に所得税や法人税、消費税といった期間税と相続税・贈与税、源泉徴収による税などそれ以外の税）。

　そのため、具体的な成立時期については、各税目ごとに定められています（通15②）。

　そのうち、主なものを挙げると次のようになっています。

（表6）主要税目における納税義務成立の時期

区分	成立時期
申告納税による所得税	暦年の終了の時（通15②一）
源泉徴収による所得税	源泉徴収をすべきものとされている所得の支払の時（通15②二）
法人税及び地方法人税	事業年度の終了の時（通15②三） ただし、一定のものは対象会計年度終了の時（通15②三の二）
相続税	相続又は遺贈による財産の取得の時（通15②四）
贈与税	贈与による財産の取得の時（通15②五）
消費税	・国内取引　課税資産の譲渡等若しくは特定課税仕入れを行った時（注） ・輸入貨物　保税地域からの引取りの時（通15②七）
印紙税	課税文書の作成の時（通15②十二）
過少申告加算税、無申告加算税又は重加算税（申告納税方式による国税に対する加算税）	法定申告期限の経過の時（通15②十四）
不納付加算税又は重加算税（源泉徴収等による国税に対する加算税）	法定納期限の経過の時（通15②十五）

　注　1　消費税法の定める「課税資産の譲渡等」（消2①九）とは、個人事業者及び法人が、事業として対価を得て行う資産の譲渡及び貸付け並びに役務の提供で、法律上非課税とされているもの以外

のものをいうこととされています。

2 消費税法の定める「特定課税仕入れ」とは、課税仕入れのうち特定仕入れに該当するものをいいます（消法5①）。

〔資料出所：同前21頁〕

3 成立の効果

納税義務が成立すると次のような効果が生じます。

(1) 納税者と税務署長との間に、納税義務を確定させる権利義務が生じます（自動確定の国税を除く。）。例えば、申告納税方式の国税についてみてみますと、納税者は納税申告をする義務を負い、税務署長には更正又は決定（賦課課税方式の国税については賦課決定）を行う権利（賦課権）が生じます。

(2) 納税義務の確定手続を待っていては、国税の徴収が確保できないと認められる場合は、一定の条件の下に納税者の財産に「繰上保全差押え」をすることができるようになります。

(3) 災害により相当な損失を受けた場合には、「納税の猶予」を適用することができるようになります。

(4) 国は「予納」された国税を受領することができるようになります。

第2節　納付すべき税額の確定

1　納税義務の確定とは？

　各税法に規定された課税要件を満たすことによって成立した納税義務は、そのままでは抽象的な義務にすぎません。したがって、多くの場合、それだけでは納付すべき税額の納付又は徴収まで進むことができません。

　納税義務を具体的に確定するためには、当事者たる税務行政機関又は納税義務者が一定の行為を通じて、その義務を確定させることが必要です。これがなければ、たとえ納税義務者から（納税義務が成立したとして）納付された税金であったとしても、法律的には誤納となってしまいます。

　このように、納付すべき税額の確定は、その後の履行手続の前提となる大事なものです。

2　確定の効果

　納付すべき税額が確定すると次のような効果が生じます。

(1)　納税者の国税債務を具体化し、その納付及び徴収手続に移ることができます[注]。

> 注　ただし、いったん具体的に確定した国税債務額であっても、それが真実の額と異なる場合には、その後の確定手続によって、その額が増額又は減額されることとなります。

(2)　納付すべき税額の確定は、その確定した税額に対する徴収権の消滅時効の完成猶予及び更新原因となります。

3　納付すべき税額の確定（納税義務の確定）

　各個別税法上の規定とこれにより抽象的に成立した納税義務の具体化のためのステップが、申告納税等による納税義務の確定手続です。

　納税義務の確定手続には、「申告納税」、「賦課課税」及び「自動確定」の３つがあります。

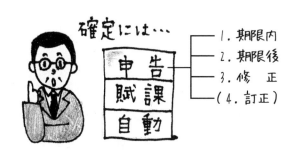

（１）申告納税方式による確定（通16①、各税法）……第一義的確定

　申告納税方式とは、納税者の納付すべき税額が、国税に関する一方の当事者たる納税者自身によって行われる申告行為により原則として確定するという方法です（通16①一）^(注)。このように、私人たる納税者の行為で、納付すべき税額の確定という公法上の法律効果が付与されるような場合の行為は、一般に「私人による公法行為」と称されています。ちなみに、現在では、国税のほとんどの税目は申告納税方式によっています。

> 注　ただし、申告誤りがあった場合又は税務署長等が調査した結果が申告内容と異なる場合には、税務署長等による更正により、申告の内容が是正されることになります。

　ちなみに、申告納税方式によっている国税には次のようなものがあります。

（表7）申告納税方式によっている国税の例

申告所得税
法人税・地方法人税
相続税及び贈与税
地価税
消費税
酒税
揮発油税及び地方揮発油税
石油ガス税
石油石炭税
たばこ税
電源開発促進税　　ほか

（2）賦課課税方式による確定（通16）

　国税通則法制定に伴う昭和37年の税制改革により、大部分の税は申告納税方式に移行しました。しかし、過少申告加算税など一部の税については、現在でも賦課課税方式によることとされています。

　申告納税方式と賦課課税方式の最大の相違点は、前者が納付すべき税額の確定を「納税者のする申告」によることとしているのに対し、後者にあっては、その確定が専ら税務行政庁の処分たる「賦課決定」により確定することとしている（通16①二）点です。

　現在、我が国において賦課課税方式によることとされている税は、次の2種類に限定されています。

　①　密造酒の製造者又は不法所持者に課される酒税（酒54⑤⑥）など、法律により定められた条件に違反したこと、違法な行為があったことその他の特殊な事情により、適正な申告納付を期待できないもの

　②　行政制裁として課される国税であって、本質的に申告納税方式になじまない各種の加算税（通65～68）及び過怠税（印20①②）

なお、賦課課税方式によることとされている租税であっても、納税者に課税標準についての申告（報告）を義務付けている場合があります（例えば関税法6条の2）。しかし、賦課課税制度の下にあっては、申告がなされただけでは税額確定の効果は生ぜず、当局の賦課を待って初めて具体的な納税義務額が確定します。

（賦課課税方式による国税の確定手続）（通32①）

賦課課税方式による国税の確定手続たる賦課決定が行われるのは、次のような場合です（通32①）。

① 課税標準申告書の提出があった場合において、その申告書に記載された課税標準が税務署長の調査したものと同じであるとき……納付すべき税額

② 課税標準申告書を提出すべき国税について、その申告書の提出がないとき又はその申告書に記載された課税標準が税務署長の調査したものと異なるとき……課税標準及び納付すべき税額

③ 課税標準申告書の提出を要しないとき……課税標準又は加算税及び過怠税の計算の基礎となる税額並びに納付すべき税額

税務署長は、賦課決定をした後にその課税標準又は納付すべき税額に過不足があることを知ったときは、これらを変更する賦課決定を行います（通32②）。

なお、賦課決定の手続は、課税標準と納付すべき税額を記載した賦課決定通知書（①の場合は納税告知書）を送付することにより行われます（通32③）。

（3）納税義務の成立と同時に確定する国税（通15③）

なお、国税のうちには、課税要件である事実が明白で税額の計算が容易であるため、納付すべき税額について特段の確定手続を必要としない

ものがあります。これらを一括して自動確定の国税と称しています。

　ちなみに、納税義務の成立と同時に確定する国税（自動確定の国税）には、次のようなものがあります（通15③）。

(1) 予定納税に係る所得税

(2) 源泉徴収等による国税（源泉所得税）

(3) 自動車重量税

(4) 国際観光旅客税

(5) 印紙税（申告納税方式による印紙税（加算税を含む。）及び過怠税を除く。）

(6) 登録免許税

(7) 延滞税及び利子税

4　確定金額などの端数処理（通118、119）

　国庫の出納は、流通貨幣の最低単位まで（現在でいえば1円の単位まで）行われることが原則です。

　しかし、国の計算事務を簡易化しても特に不都合がないという場合に、これらの計算方法を簡便にすることは、時間、労力及び経費の節約が図られ、結果的に国民の負担が軽減され、能率の向上にも役立つことになります。

　そこで、国税通則法においても、国税納付の容易化、徴収事務の簡素合理化などを目的として、端数金額の処理に関する規定が設けられています。また、具体的な処理方法については各税法で規定されています。

　注　端数処理は、①「課税標準の計算」にあっては原則1,000円未満切捨て、加算税・延滞税などのいわゆる附帯税では10,000円未満切捨て、②「税額の計算」にあっては、原則100円未満を切捨てとなっています。
　　　ちなみに、国税の確定金額などの端数金額の処理は、次のように行うこととされています（通118、119）。

（表8）端数処理一覧表

区　分		適　用　税　目	端　数　処　理　方　法
課税標準	原　則 （通118①）	国税一般	1,000円未満の端数切捨て 全額1,000円未満は全額切捨て
	例　外 （通118②、 通令40①）	源泉所得税（退職所得の申告がされている場合の退職所得及び年末調整に係るものを除く。）	1円未満の端数切捨て 全額1円未満は全額切捨て
		登録免許税	1,000円未満の端数切捨て 全額1,000円未満は1,000円とする（登15）。
		印紙税	端数処理不要
計算の基礎となる税額（通118③）		附帯税^(注)	10,000円未満の端数切捨て 全額10,000円未満は全額切捨て
税額の確定金額	原　則 （通119①）	国税一般 （滞納処分費も国税に含まれる（通5①かっこ書）。）	100円未満の端数切捨て 全額100円未満は全額切捨て
	例　外 （通119②、 ④、通令40②）	源泉所得税（退職所得の申告がされている場合の退職所得及び年末調整に係るものを除く。）	1円未満の端数切捨て 全額1円未満は全額切捨て
		登録免許税	100円未満の端数切捨て 全額1,000円未満は1,000円とする（登19）。
		自動車重量税	端数処理不要
		印紙税	端数処理不要 過怠税の1,000円未満は1,000円とする（印20④）。
		附帯税^(注)	100円未満の端数切捨て 全額1,000円未満（加算税は5,000円未満）は全額切捨て

注　附帯税とは、各種の加算税と利子税及び延滞税をいいます（通2四）。

〔資料出所：同前23頁〕

‥‥(参考) 利子税等の計算過程における端数処理

　利子税等の割合の特例による計算において、その計算の過程における金額のいずれかに1円未満の端数が生じた場合には、その1円未満の端数は切り捨てた上で、これらの計算の過程における金額を合計して利子税等の額を算出することになります（措96②）。

第３節　申告による確定

1　納税申告

「納税申告」とは、申告納税方式による国税について、その納税義務を確定することを目的として行われる課税標準等及び税額等の税務署長への通知行為です(注)。これらの行為は、納税者たる私人によってなされる公法行為に該当します。

そして、申告納税制度においては、納税申告がなされると、税務署長による更正等がない限り、原則として税額が確定することになります（通16①一前段）。

> 注　なお、納税申告には、期限内申告、期限後申告及び修正申告の三つがあります。このうち最も基本的なものは期限内申告です。

したがって、この申告によって、国税債務を負担するという具体的効果が生じてくることになります。

2　納税申告書の種類及び申告内容（各税法で規定）

納税申告は、納付すべき税額等について記載した納税申告書を所轄の税務署長（地方税にあっては県税事務所長又は市町村長）あてに提出することによって行われます（通17、21ほか）。

「納税申告書」には、所得税や法人税、消費税などの場合における確定申告書、中間申告書等と相続税などにおける申告書とがあります（所120、法74、消45、相27ほか）。

また、納税申告書において申告すべき事項とされているのは、次のような事項です（通２六）。

イ	課税標準	左記のイないしハの事項を「課税標準等」といいます（通19①）。
ロ	課税標準から控除する金額（所得税法の所得控除、相続税法の基礎控除など）	
ハ	純損失等の金額（所得税法の純損失の金額・雑損失の金額、法人税の欠損金額など）	
ニ	納付すべき税額	左記のニないしへの事項を「税額等」といいます（通19①）。
ホ	還付金の額に相当する税額	
ヘ	納付すべき税額の計算上控除する金額又は還付金の額の計算の基礎となる税額（税額控除、源泉所得税額など）	

〔資料出所：同前25頁より抜すい、一部修正〕

（1）期限内申告書（通17ほか）

　納税者は、国税に関する法律の定めるところにより、課税標準等及び税額等を記載した納税申告書を、法定申告期限までに所轄税務署長（地方税にあっては県税事務所長又は市町村長）に提出しなければならないこととされています（注1）。この納税申告書は「期限内申告書」と称されています（通17ほか）（注2）。

　　注　1　したがって、第三者名義による申告は無効となります（最高裁三小（刑）、昭和46年3月30日判決、刑集25巻2号359頁）。
　　　　2　期限内に提出があったか否かは、発信主義によって判断されます（通22）。一般的には消印日付ということになります。したがって、集配時間後の投函は翌日ということになります。

　正当な理由なくして法定申告期限までに期限内申告書を提出しない場合には、罰則の適用があるほか、各種の控除や免税措置の適用等が受けられなくなる場合があります（所241、法80ほか）。

（訂正申告）

　なお、納税者がいったん提出した申告書について誤りを発見した場合には、期限内であればいつでもその差換えをすることができることとさ

れています^(注)。この申告は一般的に「訂正申告」と称されています。

> 注　納税申告書の一種である還付を受けるための申告書（所122①）は、たとえ期限内に提出されたものであっても、ここでいう期限内申告書には該当しません。
> 　しかし、いったん行った申告について、それがなかったとするためには、更正の請求によることが原則です。したがって、錯誤無効の主張が認められるのは、その錯誤が客観的にみて明白かつ重大であり、更正の請求以外にその是正を求めるべき特段の事情がある場合に限られます（最高裁一小、昭和39年10月22日判決、民集18巻8号1762頁）。

（2）期限後申告書（通18）

　申告義務を負う納税者は、申告書の提出期限を経過した後でも、税務署長の決定があるまではいつでも納税申告書を提出することができます。この納税申告書を「期限後申告書」といいます（通18）。

　「期限内申告書」との違いは、その申告書が法定申告期限内に提出されたかどうかという点だけであり、申告書の記載事項及び添付書類には何らの差も生じません^(注)。

> 注　ただし、期限内に適正に申告納付した者とのバランスを図るため、期限後申告及び修正申告等に対しては、加算税、延滞税等の附帯税が課されます。

（3）修正申告書（通19）

　納税申告書を提出した人は、後日その申告税額が過少であることに気づいた場合などには、税務署長の更正があるまではいつでも課税標準等又は税額等を修正する納税申告書を提出することができます。この納税申告書を「修正申告書」といいます（通19①）。

　また、税務署長の更正又は決定した税額が過少であるとき、純損失の金額又は還付金の額に相当する税額が過大であるときなども、「修正申

告書」の提出ができることとされています（通19②）。

　なお、「修正申告」ができるのは、既に確定した税額に不足があるか、純損失の金額（いわゆる赤字金額）が過大であるときなどに限られます。

　したがって、税額が過大であるという理由による修正申告は許されません[注]。

　[注]　このような場合（税額が過大である場合）には、納税者サイドから当局に対し「更正の請求」をすることになります（通23①）。

第４節　納税義務の確定及びその是正

1　更正及び決定（通24、25）

　申告納税方式による国税については、第一義的には、納税者の提出する納税申告書によって納付すべき税額が確定します。しかし、納税者の申告に誤りがある場合又は申告がなされない場合には、税務署長は二次的にではありますが、自己の調査した結果[注] に基づいて納付すべき税額を確定することができることとされています（通24、25）。

> |注|　これらの目的を達成するため、税務署長には質問検査権が与えられています（通74の２〜74の６）。
> 　　そして、これらの質問に答えなかったり偽りの答弁をしたりした場合には、罰則が適用されます（通128）。

　なお、そこでいう「調査」がどのようなものであるかについて、次のような裁判例があります。

　「通則法24条（更正）の調査とは、課税標準等又は税額等を認定するに至る一連の判断過程の一切を意味するものと解せられ、課税庁の証拠資料の収集、証拠の評価あるいは経験則を通じての要件事実の認定、租税法その他の法令の解釈を経て更正処分に至るまでの思考、判断を含む極めて包括的な概念である」（広島地裁平成４年10月29日判決（上告審の最高裁平成９年２月13日判決も同旨））。

　国税通則法24条、25条、26条、74条の２以下でいう調査は、基本的には、同じですが、その範囲は若干異なります。具体的には次のようなイメージです。

（図５）　国税通則法でいう調査の範囲のイメージ

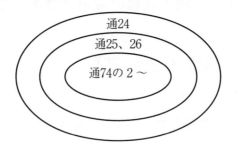

（1）更正（通24）

　納税申告書の提出があった場合に、それに記載された課税標準等又は
税額等の計算が誤っていたり、それが国税に関する法律の規定に従って
いなかったとき、その他当該課税標準等又は税額等がその調査したとこ
ろと異なるときは、税務署長は、その調査した結果に基づき、当該申告
書に係る課税標準等又は税額等を「更正」（推計課税を含む。）すること
とされています（通24）^(注)。

> 注　質問検査権は、更正決定のためのみでなく、予定納税の減額・青色申
> 告の承認等の処分をする場合の調査のためにも行使できると解されてい
> ます（最高裁三小（刑）、昭和48年７月10日判決、刑集27巻７号1205頁）。

　「更正」は、「増額更正」と「減額更正」の二つに分けられます。「増
額更正」とは、納付すべき税額を増加させ、又は還付金の額を減額させ
る処分です。すなわち、納税者に不利益となる処分です。それに対し、
「減額更正」とは納付すべき税額を減少させ、又は還付金の額を増額さ
せるなど、納税者の利益になる処分です。

　なお、青色申告書を提出している納税者に係る課税標準等を増加させ
る更正をする場合には、原則としてその帳簿書類を調査した後でなけれ
ばならず、更正処分には理由附記が必要とされています（所155、法130）。

（2）決定（通25）

　「決定」とは、納税申告書を提出する義務があると認められるにもかかわらず、申告書を提出しなかった者について、税務署長の行った調査に基づいて課税標準等及び税額等を決定する行為をいいます（通25）。「決定」がなされると、納税者が納付すべき税額又は還付金額が確定します^(注)。

> 注　申告がないにも拘らずなされた「更正」は、前提を欠いて違法ですが、無効原因ではなく取消原因にとどまると解されています。

　ただし、「決定」により納付すべき税額又は還付金の額に相当する税額が生じないときには、決定は行われません（通25ただし書）。これは、決定という行為が行われたとしても税額に関する実質的な変化は何もなく、決定すべき実益がないためです。

（3）再更正（通26）

　「更正」又は「決定」が行われたあと、その更正又は決定をした課税標準等又は税額等が過大又は過少であることを知ったときは、税務署長はその調査により、当該更正又は決定に係る課税標準等又は税額等を更正することとされています（通26）。

　この処分は、当初の更正（又は決定）処分に対して、2回目以降に行われるものであるため「再更正」と呼ばれています^(注)。

> 注　再更正も、税額を増加させる増額の再更正と税額を減少させる減額の再更正とに分けられます。

　しかし、処分の性質や手続等は、当初の更正と全く同じで、新たに納税義務を課す行為ではなく、客観的に存在している租税債務を確定するいわゆる「確認行為」であると解されています。

（4）更正、決定のための調査（通24～26、通74の2～13）

　既にみてきたように、「更正」又は「決定」は、「税務署長の調査結果」に基づいて行われます（通24、25）。しかし、税務署長が自ら調査を行うということはほとんどなく、実際には税務署の権限ある職員（いわゆる「当該職員」）が署長の命（指示）を受けて行うことになります（通74の2～13）。

　調査担当者は、原則として納税者の納税地を管轄する税務署の権限ある職員（いわゆる当該職員）ですが、場合によっては、国税庁又は国税局の職員又は納税者の支店の所在地を管轄する税務署の職員によって行われることもあります（通27、74の2～74の6ほか）(注)。

> 注　これらの職員の守秘義務違反に対しては、2年以下の拘禁刑（令和7年6月1日施行）又は100万円以下の罰金に処せられることになっています（通127）。
> 　　ただし次のような判例もありますので注意して下さい。
> 　　課税処分の違法を理由とする国家賠償請求訴訟において、被告である国の指定代理人となった国税訟務官室勤務の職員が所得税法第234条（編注：現国税通則法74条の2）に基づく質問検査権を行使して収集した資料を課税処分の適法性を立証するための証拠として提出する行為が守秘義務に違反する行為か否かについて、東京高裁は、次のように判示しています。「所得税法第234条（編注：現国税通則法126条）の規定の趣旨に照らせば、所得税に関する調査に携わった税務職員が当該調査によって知り得た納税者ないし第三者の秘密に属する事項であっても、むしろこれを開示することが、所得税を適正かつ公平に賦課徴収し、税務行政の適正な執行を確保するという法の目的を達成するために必要であり、かつ、右納税者ないし第三者の秘密保持の利益との衡量において社会通念上相当であると認められる場合においては、その限度において、右の守秘義務が解除されるものと解するのが相当である。」（東京高裁、平成9年6月18日判決、訟務月報45巻2号371頁、同上告審最高裁一小、平成10年1月22日判決、上告棄却、税資230号65頁）。

（5）更正又は決定の手続（通27、28）

　税務当局の調査結果に基づいて行われる更正、決定の「通知」は、税務署長が納税者に対して「更正通知書」又は「決定通知書」を送達することにより行われます（通28①）。

　更正又は決定が国税庁又は国税局の職員の調査に基づく場合には、これらの通知書にその旨が付記されます（通27、28②③）。

イ　更正通知書の記載事項

　「更正通知書」（決定の場合にあっては「決定通知書」）には、次のような事項を記載しなければならないとされています（通28②③）。

（イ）　更正前の課税標準等及び税額等

（ロ）　更正後の課税標準等及び税額等

（ハ）　増差税額又は還付金額

　①　更正前の納付すべき税額が増加するときは、その増加する部分の金額

　②　更正前の還付金の額の相当税額が減少するときは、その減少する部分の税額

　③　純損失の繰戻し等による還付金額に係る還付加算金があるときは、その還付加算金のうち、②の税額に対応する部分の金額

　④　更正前の納付すべき税額が減少するときは、その減少する部分の税額

　⑤　更正前の還付金の額の相当税額が増加するときは、その増加する部分の税額

ロ　更正通知書等の記載事項に瑕疵がある場合

　「更正通知書」又は「決定通知書」の記載事項に一部誤りがある場合であっても、その誤記の程度が軽微であって、納税者本人に対して

送達されたものであると認められ、かつ、更正処分等の通知に必要な法律上の要件が記載されている場合には、その通知書は有効と解されています^(注)。

> 注　例えば、修正決定と題する書面による通知でも、「更正」として有効であるとされた事例があります（東京高裁、昭和63年11月30日判決、行裁例集39巻11号1458頁）。

（6）更正等ができる期間（通70）

更正、決定等はいつでもできるというわけではありません。

更正、決定ができるのは、原則として法定申告期限から5年以内とされています（なお、詳細については第7章を参照して下さい。）（通70）。

2　納税申告と更正、決定等との関係

ちなみに、納税申告（期限内申告、期限後申告、修正申告）と更正、再更正及び決定との関係は次のようになっています。

（図6）　納税申告、更正又は決定の関係

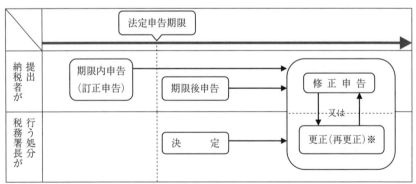

※1　更正又は決定の後の更正を「再更正」という。
　2　修正申告⇒修正申告、再更正⇒再更正もある。

〔資料出所：同前26頁〕

3 更正の請求

（1）更正の請求ができる場合（通23）

イ 原則（通23①）

　納税申告書に記載した税額が正しい場合にはそこに記載されていた税額がそのまま確定します。また、過少な場合には修正申告（通19）又は当局の調査結果に基づいて更正等が行われることになります（通24）。それでは、記載税額が過大であったときはどうなるのでしょうか。

　この点について、国税通則法第23条では、①記載税額が過大であるとき、②還付金に相当する税額が過少であるときは、法定申告期限から5年以内に限り、税務署長に対し、その申告した課税標準等又は税額等について、減額の更正を求めることができることとされています[注]。この制度は一般に「更正の請求」と称されています（通23）。

[注]　ただし、法人税の純損失の金額が過少であるとき、又は当該申告書に純損失等の金額がなかったこと等に基づく更正の請求は、10年以内まで（通23かっこ書）。贈与税及び移転価格税制の場合にあっては、6年以内（相32②、措66の4㉖）。
　ちなみに更正の請求ができる期間が5年以外のものとして次のようなものがあります。

対 象 税 目		更正の請求期間
法人税	純損失等の金額に係る更正	10年（通則法23①）（平成30年4月1日以後に開始する事業年度について適用され、同日前に開始した事業年度については9年）
	移転価格税制に係る更正	7年（措法66の4㉖）（令和2年4月1日以後に開始する事業年度について適用され、同日前に開始した事業年度については6年）
贈与税		6年（相法32②）

〔資料出所：同前27頁〕

　また、更正の請求書の提出期限が土・日・祝日等に当たる場合は、

これらの日の翌日が期限となります。

　納税者に選択が認められている場合に納税者が選択したものよりも有利な方があったことに気付いたような場合には、更正の請求の理由には当たらないと解されています（最高裁二小、昭和62年11月10日判決、訟務月報34巻4号861頁）。

　ただし、特別措置の選択に錯誤があった場合には更正の請求が認められます（最高裁三小、平成2年6月5日判決、民集44巻4号612頁）。

ロ　後発的理由による更正の請求（通23②）

　また、法定申告期限後に更正決定に係る課税標準等に係る判決による確定等があった場合、更正決定の帰属が誤っていた場合等においては、「更正の請求期間経過後」であっても「更正の請求」が認められています（通23②）（注）。

> 注　例えば、申告等に係る課税標準等又は税額等の計算の基礎となった事実に係る国税庁長官の法令の解釈が変更され、その解釈が公表されたことにより、その課税標準等又は税額等が異なることとなる取扱いを受けることとなったことを知った場合には、その日の翌日から2月以内に更正の請求をすることができることとされています。

　「更正の請求」は、納税申告により既に確定した税額が過大であるときなどに納税者が税務署長に対しその是正を請求するものです。したがって、この手続は税額変更の請求権を行使する手続にとどまり、

それ自体、税額を是正し確定させることを意味しません。この点で、「更正の請求」は「修正申告」と異なります。このように、更正の請求と修正申告の効果に差を設けているのは、更正の請求に対して税額等を確定させる変更権を与えた場合には、国税の徴収処分の安定が得られないばかりか、それらの制度を悪用した徴税回避が行われるおそれがあるためです。

（2）更正の請求の手続（通23③）

「更正の請求」をしようとする者は、その請求に係る更正後の課税標準等又は税額等、請求の理由、請求をするに至った事情の詳細、その請求に係る更正前の納付すべき税額及び還付金の額に相当する税額その他参考となる事項を記載した更正請求書を税務署長に提出しなければならないこととされています（通23③）。

（3）更正の請求に対する処理（通23①）

税務署長は、更正の請求があった場合には、その請求に係る課税標準等又は税額等を「調査」し、その調査に基づいて減額更正をするか、又は更正をすべき理由がない旨を請求者に通知します（通23④）。そして、この処理が相当な期間を経過しても行われない場合には、請求者は、不作為についての不服申立てをすることができることとされています（審7、49）。

（4）還付請求との関係（通74）

なお、誤って源泉徴収した場合などのように、過誤納等により税金を過大に納めている場合の還付請求は、「更正の請求」という形ではなく、

「還付金の請求手続（通74）」によることとなります。

4 確定後の税額変更の効力

　納税申告や決定などによっていったん確定した税額が修正申告や更正などにより増額された場合、これらの各行為は、それぞれ別個の法律行為とみるべきなのかそれとも基本的に同一の法律行為とみるべきなのか、という点が問題になります。

　これについて、現在では、双方の性質があるという見解が通説となっています。

　なお、これを確定手続及び争訟審理の面からみると、次のようになります。

① 確定手続──後の更正などの効力は、その更正などによって生じた増差税額についてのみ生じると考えられています。すなわち、前の納税申告などで確定した税額は、修正を受けない限度で依然として1個の独立した行為として存在するという見方です。したがって、後から行われた更正処分等は、前の確定した税額に基づいて行われた納付や滞納処分には影響を及ぼさないこととなります。

② 争訟審理──前の更正などと後の再更正などは別個の行為ですが、両者相まって1個の納税義務の内容を構成していることから、1個の処分について不服申立てがされている場合には、他の処分についても併せて審理の対象とすることができることとされています（通104）。

（1）増額更正などの効力（通20、29①、32⑤）

　ちなみに、国税通則法では、次のように定めています（通20、29①、32⑤）。

　既に確定している国税について、後から更正などの確定手続により納付すべき税額を増加させたときは、その更正などの効力は、既に確定していた納税義務には影響を及ぼさない。

　その結果、例えば、先の納税申告で納付すべき税額が100万円と確定していた場合に、納付すべき税額を120万円とする修正申告又は更正があった場合には、先に確定した税額100万円はそのまま存続し、修正申告又は更正により増加した20万円についてのみ、修正申告又は更正の効力が生じ、新たに納付すべき税額として確定することになります。

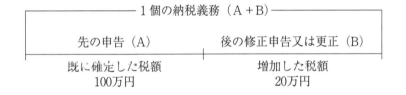

（2）減額更正などの効力（通29②③）

　減額更正などにより既に確定した税額を減少させるときは、その更正により減少した税額以外の納税義務に影響を及ぼさない。また、先に行った更正や決定を取り消す処分又は判決は、その処分又は判決により減少した税額以外の納税義務には影響を及ぼさないこととされています（通29②③）。

　その結果、例えば、先の納税申告で納付すべき税額が100万円と確定している場合において、減額更正で納付すべき税額が80万円となった場合には、減少した税額20万円についてのみ更正の効力が生じ、当初の80

万円の部分はそのまま存続することになります。

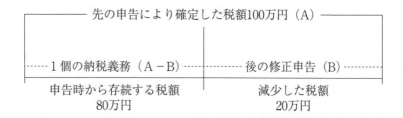

5 まとめ

　ちなみに、これまでにみてきた納税義務（納付義務）の確定手続をわかり易く一覧表の形で示したのが次の表です。

（表9） 納税義務の確定手続一覧表

特別の手続をとることによって確定するもの（通則法16①）

- 申告納税方式（通16①一）
  申告所得税・法人税・地方法人税・相続税・贈与税・地価税・酒税・消費税・航空機燃料税・印紙税（印11、12に限る。）　など
  - 納税者の納税申告（原則）
    - 期限内申告（しなければならない。）（通17）
    - 期限後申告（することができる。）（通18）
    - 修正申告（することができる。）（通19）
  - 税務署長の処分（補完的）
    - 更正（申告が調査と異なる場合）（通24）
    - 決定（申告がなかった場合）（通25）
    - 再更正（更正・決定に誤りがある場合）（通26）
- 賦課課税方式（通16①二）
  各種加算税・過怠税・特殊な場合の酒税など
  - 納税告知書（通則法32①一）〔課税標準申告の提出を要する場合で課税標準が調査と同じとき。〕
  - 賦課決定通知書（通則法32①二、三）〔課税標準申告書の提出を要しない場合及び提出を要する場合で提出のなかったとき又は課税標準が調査と異なるとき。〕

（確定方式）

特別の手続をとることなく成立と同時に確定するもの（通15③）（自動確定）

- 予定納税に係る所得税（通15③一）
- 源泉徴収等による国税（源泉所得税及び特別徴収に係る国際観光旅客税）（通15③二）
- 自動車重量税（通15③三）
- 国際観光旅客税（特別徴収以外のもの）（通15③四）
- 印紙税（印11、12、20に掲げるものを除く。）（通15③五）
- 登録免許税（通15③六）
- 延滞税及び利子税（通15③七）

〔資料出所：同前40頁一部修正〕

第5節　納税義務の承継

　国税に関する債権債務（いわゆる租税の納税義務）は、私法上の債権債務と異なり、一般的には移転することがないこととされています[注]。

> [注]　それは、次のような理由によるものです。
> (1)　租税は、特定の納税者に対して、租税に関する法律に定める課税要件を充足する具体的事実が生じたときに課税されるもので、租税に関する法律は、その特定の納税者に一定の担税力を予定していること。
> (2)　租税債務の自由な移転は、租税徴収の確保を危うくするおそれがあること。例えば、履行能力のない者へ自由に移転を認めることとすると、租税債務の履行を回避する道を開き、徴収における公正が阻害されること。

　しかし、租税債務も、金銭の給付を目的とするという点では私法上の債務と同じです。したがって、私法上の関係において権利義務の包括承継がある場合には、租税債務も承継の対象となります。例えば、相続があった場合や法人の合併があったような場合です。このような場合には、一般の私法上の金銭債務と同様に、それぞれ被相続人又は被合併法人（以下「被相続人など」という。）の納付義務が相続人又は合併法人（以下「相続人など」という。）に承継されることになります（通5、7の2）。

納付義務の承継が生じるのは？
相続があった場合
法人の合併があった場合

1　相続又は合併による納付義務の承継（通5、6）

　相続があった場合、相続人は被相続人の財産に属した一切の権利義務を承継することとされています（民896）。また、法人の合併があった場合には、合併法人は被合併法人の権利義務の全部を承継することとされています（会社法2二十七、二十八）。

　そこで、国税通則法でも、相続又は合併があった場合には、相続人又は合併法人（以下単に「相続人など」といいます。）は、①被相続人などに課されるべき、又は②その被相続人などが納付すべき、若しくは③徴収されるべき国税（滞納処分費を含む。）を納める義務を承継することとしています（通5①、6）^{（注）}。

　具体的には、次のようなイメージです。

※1　「被相続人などに課されるべき国税」とは、相続開始時において（被相続人などについて）納税義務は既に成立しているものの、申告、更正決定等の確定手続が行われていないため、納税義務が具体的に確定するに至っていない国税のことです（通基通5−4、6−1）。

※2　「被相続人などが納付すべき国税」とは、相続開始の時において、被相続人などの国税について、既に納付すべき税額が具体的に確定している国税をいいます（通基通5−5、6−1）。これは更に、納期限が経過して滞納となっている国税と、まだ納期限の到来していない国税とに分けられます。

※3　「被相続人などが徴収されるべき国税」とは、被相続人などが源泉徴収による国税の個別税法上の納税義務者であった場合において、その被相続人などが源泉徴収される義務を負う国税をいう（源泉徴収の受忍義務

の承継）こととされています（通基通5－6、6－1）。これには、納期限
が経過しているものと、まだ到来していないものとの両者があります。

> [注] 　共同相続人による国税の納付義務の承継割合は、遺産分割の割合
> によるのではなく民法に規定する割合となります（昭和45年11月6
> 日裁決、裁決事例集 No.3）。
> 　また、被相続人が外国人である場合の共同相続人の国税の納付義
> 務の承継割合はわが国の民法によるのではなく被相続人の本国法に
> よることとなります（昭和47年11月16日裁決、裁決事例集 No.5）。

2　承継の効果（通5、7の2）

　納付義務の承継があった場合、相続人などは被相続人などが有してい
た税法上の地位を承継し、被相続人などの国税に係る申告、不服申立て
等の手続の主体となります。また、税務署長による税額確定処分等の相
手方の地位にも立つことになります。したがって、税務署長は、被相続
人などに対して行った更正、決定、督促又は差押えに基づき、相続人な
どに対しそれぞれ必要な手続を進めることができることになります。

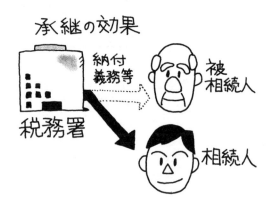

承継の効果

納付義務等

税務署

被相続人

相続人

　この場合、相続人が単純承認しているときは被相続人の納付義務を無
制限に承継することになりますし、限定承認をしている場合には、相続
によって得た財産を限度として被相続人の納付義務を負うことになりま

す（通5①）。

　また、納税義務を承継した信託の新受託者は、信託財産に属する財産のみをもって、その承継された納税義務を負うこととされています（通7の2⑥）。

3　共同相続人の承継（通5②③）

　相続人が2人以上の場合における各相続人が承継する国税の額は、民法第900条から第902条まで（法定相続分、代襲相続分、指定相続分）に定める相続分によりあん分して計算した額になります（通5②）。この場合において、相続人のうち相続によって得た財産の額[注]が承継税額を超える者があるときは、その相続人は、その超える価額を限度として他の相続人が承継した税額を納付する責任を負うことになります。通則法では、これを納付責任額といっています（通5③）。

> [注]　相続によって得た財産の価額は、遺産分割によって相続人が現実に得た財産の価額です。ただし、遺産分割前であれば、総遺産の価額に相続人の相続分を乗じた額ということになります。
>
> 　なお、相続税、贈与税においてはこれらの納付責任額を超えて、連帯納付の責めを負うこともあります（相34）。

　ちなみに、共同相続の場合における納付責任額は、次ページのようになります。

（表10）共同相続の場合における納付責任額の計算例

```
┌─────────────────────────────────────────────────────────┐
│      相 続 に よ っ て 得 た 財 産 の 価 額          │
└─────────────────────────────────────────────────────────┘
```

法定相続分など（民900〜902）によりあん分した承継税額	他の相続人の承継した税額の納付責任額

【設例】法定相続分の場合の承継税額及び納付責任額

相続財産の価額　　　　　240万円

納付すべき国税　　　　　180万円

相続人　　　　　　　　　妻と３人の子（甲、乙、丙）

　配偶者と子が共同相続人であるときは、配偶者は２分の１、子は２分の１の相続分を受けることになります（民900一）。

《解答》

区分\相続人	相続財産の価額	承継する国税の額	他の相続の承継税額に対する納付責任額
妻	120万円（240万円×1/2）	90万円（180万円×1/2）	30万円（120万円－90万円）
子（甲）	40万円（240万円×1/2×1/3）	30万円（180万円×1/2×1/3）	10万円（40万円－30万円）
子（乙）	40万円（240万円×1/2×1/3）	30万円（180万円×1/2×1/3）	10万円（40万円－30万円）
子（丙）	40万円（240万円×1/2×1/3）	30万円（180万円×1/2×1/3）	10万円（40万円－30万円）

第6節　連帯納付義務

1　意　義

2人以上の納税者が国税の納付について各自独立に全額を納付する義務を負っている場合において、そのうちの1人が納付すれば他の者の租税債務も消滅することとされているものがあります。

しかし、これらの義務を履行しない場合には、債務者である納税者全員が納付義務を負うことになります。これが「連帯納付義務」といわれるものです。

現在、国税に関し連帯納付義務が課されているものには、次のようなものがあります。

① 共有物に係る国税の連帯納付義務（通9）

② 法人の合併等の無効判決に係る連帯納付義務（通9の2）

③ 法人の分割に係る国税の連帯納付の責任（通9の3）

④ 登録免許税における連帯納付義務（登3）

⑤ 合名会社等の社員の第二次納税義務の連帯（徴33）

⑥ 消費税における連帯納税義務（関税法13の3）

2　連帯納付義務の効果（通8、民432～434ほか）

「連帯納付義務」については、民法（民436、437、441～445）の規定が準用されます（通8）。

3 相続税等における連帯納付責任等（相34、法152）

相続税における相続人は、それぞれが納付すべき額及び被相続人に係る相続税について、互いに連帯して納付する責任を負うこととされています（相34①②）。

ただし、次の場合には連帯納付義務が解除されます（相34①一～三）。

イ　申告期限等から5年を経過した場合

ロ　納税義務者が延納又は納税猶予の適用を受けた場合

法人税のグループ通算制度では、通算法人は、他の通算法人の各事業年度の所得に対する法人税でその通算法人と他の通算法人との間に通算完全支配関係がある期間内に納税義務が成立したものについては、その法人税について連帯納付の責任を負うこととされています（法152①）。

また、受託者が2以上ある法人課税信託において、信託事務を主宰する受託者（「主宰受託者」といいます。）以外の受託者は、その主宰受託者が納めるものとされる法人税について連帯納付の責任を負うこととされています（法152③）。

なお、相続税法及び法人税法では連帯納付責任は連帯納付義務そのものではありませんが、実質的効果としては、連帯納付義務に近い効果を有しています[注]。

> [注]　ちなみに国税通則法の「連帯納付義務」と相続税法の「連帯納付責任」には次のような差があります。
> 「連帯納付義務」＝複数の納税者それぞれが自ら本来の納税義務を負い、その本来の納税義務について、互いに連帯して義務を負うというもの。
> 「連帯納付責任」＝自ら負うべき本来の義務ではなく、他の者が負うべき債務について受けた利益の価額等について連帯納付の責めに任ずるというもの。

第7節　納税義務の消滅

これまでみてきたように、納税義務は、成立と同時に、又は成立後必要な手続を経て確定することになりますが、その確定した税額は、次のような手続（納付、充当、免除等）によって消滅することになります。

（1）納付（原則として個別税法で規定）

国税の「納付」^(注)があった場合は、納付された金額の範囲内で納税義務が消滅します。この納付は、本来の納税者によって行われるのを原則としていますが、第二次納税義務者（徴33～41）による納付や国税の保証人及び第三者による場合もあります。

また、その消滅の時期は、国税の収納機関に納付されたときとなります。

> 注　ここでいう「納付」には国外からのクレジット・カードを利用した納付や国外納付者の納税管理人による納付も含まれます（令和3年度改正で追加）。

（2）滞納処分による換価代金などの充当による消滅（徴56ほか）

国税が自主的に納付されないときは、「滞納処分」により強制徴収されることになります。したがって、この場合には、滞納処分による差押財産の換価代金又は交付要求による受入金などを未納国税に「充当」することにより、その充当した金額の範囲内で納税義務が消滅することになります。

なお、納税義務が消滅する時期は、①金銭を差し押さえたときは、その差押えのとき（徴56③）、②差押債権を取り立てたときは、その取り立

てたとき（徴57②、67③）、③差押財産を換価したときは、その換価代金を受領したとき（徴116②）、となります。

（3）還付金などの充当による消滅（通57②）

　納税義務は、過誤納金、還付金及び還付加算金の充当により、その充当の範囲内で消滅します。また、消滅の効果は、充当適状となった時にさかのぼって生じます（通57②）^(注)。

> 注　　ただし、相殺不可（通122）の規定により国の債務との相殺はできません。それに対し、米国では滞納者に公共工事発注に係る代金等との相殺が認められています。

（4）免除による消滅（通63、64、災2、4）

　納税の猶予などの場合の延滞税の免除（通63）、災害などにより期限を延長した場合の利子税の免除（通64③）、被災者の所得税などの免除（災2、4）がされた場合は、その免除した範囲内で納税義務が消滅することになります^(注)。

> 注　　なお、納税義務の免除は、法律の根拠があり、かつ、法律の定める要件を満たす場合にのみ認められます。（宇都宮地裁、昭和60年12月19日判決、判例時報1183号79頁）。

（5）課税の取消しなどによる消滅（通23④、24、26、32②）

　納税義務の成立した金額とその後確定した金額とを比べて確定した金額が過大である場合には、その超過部分について、更正の請求、税務争訟による決定などに基づき、あるいは、税務署長の職権による調査に基づいて確定金額を減額する更正又は賦課決定が行われます。そして、減額更正などがあった場合には、納税義務はそれらの更正などが行われたときに、その減額された範囲内で消滅します。

（6）徴収権の消滅時効の完成による消滅（通72）

　国税の納税義務については、5年という消滅時効が設けられていますが、この消滅時効が完成したときは、時効の援用を要せず、絶対的に消滅することになります（通72）。

（7）滞納処分の停止期間の経過による消滅（徴153）

　滞納処分の停止をした場合において、その徴収の困難な状況が3年間継続した場合には、徴収権の消滅時効の完成前であっても、滞納処分の停止をした国税の納税義務は消滅します（徴153④）。

3 国税の納付及び徴収

〔ポイント〕

① 納期限と納付方法

② 国税の徴収（納税の告知、督促など）

③ 滞納処分

④ 納税証明

第1節　国税の納付

国税の納付は、次の二つに区分されます。

① 納税の告知を待たずに自主納付するもの……申告納税方式の国税及び自動確定の国税

② 納付を命ずる納税の告知を待って納付するもの……賦課課税方式の国税

1 納期限（通35、36及び各税法で規定）

「納期限」とは、納付すべき税額の確定した国税を実際に納付すべき期限のことをいいます。この期限は納税者に与えられた権利です。したがって、当局が自己の都合により期限の利益を奪うことは原則として許されません。しかし、その期限までに納付がなされない場合には、税務当局は、督促から滞納処分へと強制徴収手続を進めることが認められています。

このように、具体的に確定した国税を納付すべき期限である「納期

—104—

限」は、国税に関する法律に定められている本来の納付すべき期限を指す「法定納期限」とは区別されています。もっとも、通常の場合であれば、納付すべき税額は、法定納期限以前に具体的に確定しますので、法定納期限と納期限とは一致することになります。しかし、例えば、修正申告などのように、法定納期限後に納付すべき税額が確定した場合には、法定納期限と納期限とが異なることになります。

なお、「法定納期限」は、国税の徴収権の消滅時効及び延滞税の計算期間について、それぞれ起算日を定める基準日となります（通72①、60②）。また、「納期限」は、納税義務を履行すべき期限のほか、債務不履行の場合に督促状を発送する基準日ともなります（通37②）。

2　申告納税方式による国税の納付（通35）

（1）期限内申告に伴う納付（通35①）

期限内申告に伴う税額は、国税に関する法律に定める期限までに納税者が納付書により自主納付しなければなりません（通35①）。ただし、所得税、相続税又は贈与税について延納が認められた場合には、その延納の納期限までに納付すればよいこととされています（通35①かっこ書）。

（2）期限後申告又は修正申告に伴う納付（通35②）

期限後申告又は修正申告に伴う税額は、期限後申告書又は修正申告書を提出した日を納期限として納税者が納付書により自主納付しなければなりません（通35②一）。ただし、相続税又は贈与税について延納が認められた場合には、その延納の納期限までに納付すればよいこととされています（通35②一かっこ書）。

なお、酒税及び石油ガス税は、法定納期限が法定申告期限の1月後と

なっていますので（酒30の4①、油18①）、法定納期限前に期限後申告又は修正申告が行われることもあります。このような場合、特に納期限を早めて納税者の期限の利益を奪うことは妥当ではありません。そこで、これらについても、通常の納期限までに納付すればよいこととされています（酒30の4③、油18③）。

（3）更正又は決定に伴う納付（通35②）

　更正又は決定があった場合には、更正通知書又は決定通知書が発せられた日の翌日から起算して1月を経過する日が納期限となりますので、納税者はその納期限までに納付書により自主納付しなければならないこととされています（通35②二）。

（図7）税務署長が指定する納期限に関するイメージ図

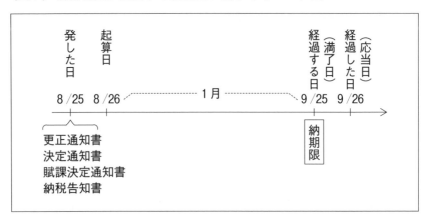

　一般原則からいえば、税務署長が確定させた部分については、「納税の告知」により納付させるというのが本来のあり方です。しかるに、申告納税方式に係る国税の更正又は決定について、このような自発的納付によることとしているのは、申告納税方式による国税の納税者に自主納付を一貫させる趣旨からであると考えられます。したがって、たとえ、

納付すべき税額を税務署長が確
定したものであっても、納税の
告知によらないで、あくまでも
納税者の自発的な意思による納
付を期待したものです。

3 賦課課税方式による国税の納付（通36）

　賦課課税方式による国税の徴収をしようとするときは、税務署長は、
納税者に対し、あらかじめ税金を納付すべしという通知、いわゆる「納
税の告知」をしなければならないとされています。したがって、納税者
としては、税務署長からの納付を命ずる「納税の告知」を待って、その
納税告知書により納付することになります（通36①一）。

　ただし、申告納税方式による国税に対して課税される各種の加算税に
ついては、賦課決定通知書の送達を待って、納税者は自主的に納付書に
より納付することとされています（通35③）。これは、これらの税が、申
告納税方式の国税に係る附帯税であり、申告納税に係る国税の納付の大
原則である自主納付を一貫させるという趣旨から、本税にあわせ自主的
に納付するという形になっているものです。

　なお、これら賦課課税方式による国税の納税告知に係る税の納期限は、
納税告知書又は賦課決定通知書を発した日の翌日から起算して１月を経
過する日となります（通令8①、通35③）。ただし、納税告知書が法定納
期限の前に発せられる場合には法定納期限に当たる日が、また、国税に

関する法律の規定により一定の事実が生じた場合に直ちに徴収するものとされている国税（酒30の4②）については、その納税告知書の送付を要すると見込まれる期間を経過した日がそれぞれの納期限となります。

4 自動確定の国税の納付（通36、通令8①）

　自動確定の国税は、自主的に納付することとされています。例えば、源泉徴収による所得税については、納付書により自主的に納付します。また、登録免許税などは、納税者が印紙を貼ることにより納付することとなります。

　ただし、納付がない場合又は納付額が適正でないと認められる場合には、納税の告知が行われ、その納税告知書により納付します。この場合の納期限は、納税告知書を発した日の翌日から起算して1月を経過する日です（通36①二〜四、通令8①）。

　ちなみに、法定納期限と具体的納期限は次のようになっています。

（表11）法定納期限と具体的納期限

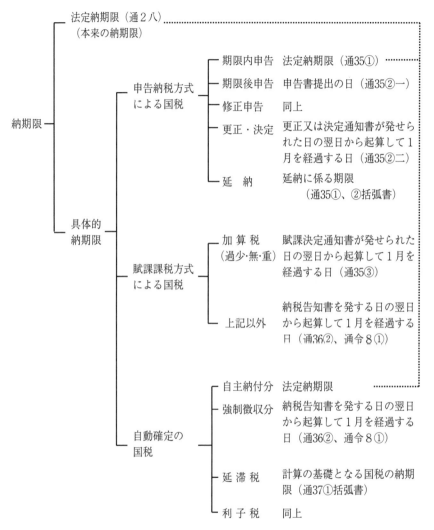

〔資料出所：国税庁税務大学校講本「国税通則法」（令和5年度版）48頁〕

　また、各税の確定及び納付の手続を一覧表の形でまとめると次ページの表のようになっています。

（表12）確定及び納付手続一覧表

税　　　目	区分	確定の方式	確定の手続	納付の手続	
申告所得税、法人税、地方法人税、相続税、贈与税、地価税、消費税、酒税、揮発油税、地方揮発油税、石油石炭税、石油ガス税、たばこ税、電源開発促進税、航空機燃料税、印紙税（印11、12に掲げるものに限る。）	本税	申告納税方式	納税申告、更正、決定	税額に相当する金銭に納付書を添えて納付する。	
	加算税	賦課課税方式	賦課決定	税額に相当する金銭に納付書を添えて納付する。	
特殊な場合における酒税など 印紙税（印20に掲げるものに限る。）	本税（加算税なし） 過怠税	賦課課税方式	賦課決定（課税標準申告書に記載されたものでたまたま適正のある場合には納税告知）	税額に相当する金銭に納税告知書を添えて納付する。	
源泉徴収等による国税（源泉所得税、国際観光旅客税（特別徴収に係るもの））	本税	自動確定	な　し	税額に相当する金銭に納付書又は納税告知書を添えて納付する。	
	加算税	賦課課税方式	賦課決定	税額に相当する金銭に納税告知書を添えて納付する。	
国際観光旅客税（特別徴収以外のもの）				税額に相当する金銭に納付書又は納税告知書を添えて納付する。	
印紙税（印11、12、20に掲げるものを除く。）	本税（加算税なし）	自動確定	な　し	印紙を貼り付けて納付する。ただし、印紙税法9条、10条の場合は、納付書により納付する。	
登録免許税				税額に相当する金銭に納付書を添えて納付する。ただし、税額30,000円以下の場合は、印紙を貼り付けて納付することができる。	印紙を貼り付けていないなどのときは納税告知書が送達されるので、金銭にその告知書を添えて納付する。
自動車重量税				印紙を貼り付けて納付する。ただし、自動車重量税法10条の場合は、税額に相当する金銭に納付書を添えて納付する。	

注　　あらかじめ税務署長に届け出た場合には、納付書又は納税告知書により納付する方法に代えて、電子納付の方法により納付することができる（通34①ただし書）。

〔資料出所：同前49頁〕

5 納付の手続（通34①）

（1）納付手段

租税は、「金銭で納付（いわゆる「金納制度」）」するというのが近代的な租税の大原則です。

ここで、金銭による納付とは、「強制通用力のある日本円」を単価とする通貨により納付すべき税額に相当する金額に納付書を添えて収納機関に納付するやり方をいいます[注]。

> [注] なお、令和4年1月4日以後の納付から、国外に住所又は居所を有する納税者が国外にある金融機関を通じて行う納付方法も認められます（通34④）。

したがって、同じ通貨といっても外国貨幣又は旧貨幣は除かれます。

なお、金銭以外の納付方法として、次のような手段も認められています（通34）。

イ 有価証券による納付（通34）

金銭に代えて、納税に使用することができる有価証券は次の2種類に限定されています（「証券ヲ以テスル歳入納付ニ関スル法律」、大正五年勅令第256号（歳入納付ニ使用スル証券ニ関スル件））。

① 小切手（持参人払式又は記名式持参人払いのもの）

② 国債証券の利札（無記名式で支払期限の到来しているもの）

なお、有価証券の券面額は、納付する税額を超過しないものに限られます。また、証券の呈示期間又は有効期限の近いもの、支払いが不確実であると認められるもの、支払場所が受領者の所在地にないものなどについては、税務当局はその受領を断ることができることとされています。

なお、納付に使用された有価証券が不渡りとなったときは、その納

付は初めからなかったものとされます。

ロ　印紙による納付（通34②、印8ほか）

　　印紙による納付とは、納付すべき税額に相当する印紙を、それぞれ
の証書などに貼って納付するという方法です（通34②）。印紙による納
付が認められるのは、次に掲げる文書又は書類に限られます。

①　印紙税（印8）（申告納税方式による印紙税（加算税を含む。）、税印指定
　　計器による表示の印紙税及び過怠税は除く。）‥‥‥‥‥‥‥‥証書又は帳簿

②　登録免許税（登22、23②）（原則として30,000円以下の税額に限る。）
　　　‥‥‥‥‥‥‥‥‥‥‥‥‥‥‥登記、登録の申請又は嘱託をする書類

ハ　物納（財産による納付）（相41、48の2）

　　相続税について、延納によっても金銭で納付することができない場
合には、税務署長の許可を受けて、相続した財産のうち次のような財
産（相続税法施行地にあるもの）で納付することが認められています（相41）。

　　この場合における納付の順は、①～⑤の順番によります。

順位	物納に充てることのできる財産の種類
第1順位	①　国債、地方債、不動産、船舶、上場株式等（特別の法律により法人の発行する債券及び出資証券を含み、短期社債等を除きます。） ②　不動産及び上場株式のうち物納劣後財産に該当するもの
第2順位	③　非上場株式等（特別の法律により法人の発行する債券及び出資証券を含み、短期社債等を除きます。） ④　非上場株式のうち物納劣後財産に該当するもの
第3順位	⑤　動産

（国税庁パンフレットより抜すい、一部修正）

　注　　なお、特定登録美術品は、上表の順位によることなく物納財産と
　　することができます。ちなみに、フランスでも美術品の国外流出等
　　を避けるため物納が認められています。

この場合における収納価額は、原則として相続税の課税価格計算の基礎となった価額です（相43①）。また、納付があったとする日は、物納財産の引渡し及び所有権の移転登記などにより第三者に対抗できる要件を備えた日となります（相43②）。

また、相続税を延納中の者が、資力の状況の変化等により延納による納付が困難となった場合には、申告期限から10年以内に限り、延納税額からその納期限の到来した分納税額を控除した残額を限度として、物納を選択することができる制度（特定物納）があります（相48の２）。

二　国外納付者の送金による納付

国税を納付しようとする国外に住所又は居所を有する納税者（以下「国外納付者」という。）は、国外にある金融機関の営業所等を通じてその税額に相当する金銭をその国税の収納を行う税務署の職員の預金口座（納付用国内預金口座）に対して払込みをすることにより納付することができます。この場合において、その国税の納付は、当該国外納付者が当該金融機関の国外営業所等を通じて送金した日においてされたものとみなして、延納、物納及び附帯税に関する規定を適用します（通34④）。

（２）納付の場所（収納機関）（通34①）

納税者が国税を納付する場所は、日本銀行の本店、支店、代理店及び歳入代理店[(注)]、国税収納官吏（国税の収納を行う税務職員）です（通34①）。

> 注　日本銀行の代理店及び歳入代理店とは、具体的に、国税の受入れを取り扱う郵便局、一般の銀行、信用金庫等をいいます。

（3）納付の方法（通34①）

イ　原則的納付方法

　　国税は、金銭又は金銭に代えて使用できる証券に「納付書」を添えて納付します。ただし、源泉所得税を法定納期限までに納付しない場合や印紙税の過怠税などについて税務署長から「納税告知書」が送達された場合には、その「納税告知書」を添えて納付することになります。

ロ　その他の手段による納付

　　そのほか、納付に関する制度としては次のようなものがあります。

（イ）　口座振替（振替納税ともいう。）

　　　納税者が金融機関との契約に基づき、自分の指定した預貯金口座から振替の方法で国税を納付するという納付方法です（通34の２）。ただし、口座振替が可能な国税は、原則として所得税及び個人事業者の消費税に限られます。

　　　この制度が設けられたのは、次のような理由によるものです。

　　i　納税者の納付手続が省けること。

　　ii　納税者が納期限を忘れることによる滞納の発生が、未然に防げること。

　　iii　納期限内に納付されるため、税務署における事務が省けること。

　　　ちなみに、口座振替による納付手続は、次のようになっています。

（図8）口座振替による納付手続一覧表

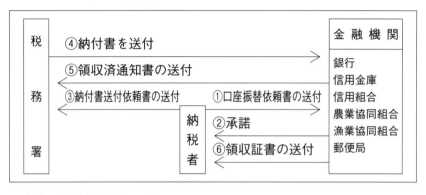

（ロ）　電子納税（通34①）

　　電子納税とは、納税者が通信機器、情報機器を利用し、ネットワークを経由して税金を電子的に支払う制度をいいます。電子納税は、パソコンによるインターネット・バンキング、携帯電話によるモバイル・バンキング又は金融機関のＡＴＭを使い、納税者の預金口座から国庫金口座に振り替えるという形で行われます。

　　この他、e-Tax による簡単な操作で預貯金口座からの振替により納付可能なダイレクト納付があります[注]。

> [注]　電子納税の詳細については、「国税電子申告・納税システム（e-Tax）ホームページ（http://www.e-tax.nta.go.jp）」で説明されています。

（ハ）　納付受託者に対する委託による納付（いわゆるコンビニ納付、スマホアプリ納付、クレジットカードによる納付）

　　バーコードによるコンビニ納付は、税務署で発行されたコンビニ納付専用のバーコード付納付書を使用し、国税庁長官が指定した納付受託者（一定のコンビニエンスストア）へ納付を委託することにより国税を納付する方法です。

　　QR コードによるコンビニ納付は、納税者が作成した QR コードを使用し、納付受託者（一定のコンビニエンスストア）へ納付を委託す

ることにより納付する方法です。

　スマホアプリ納付は、スマートフォンを使用した決済サービスを利用するもので、納付受託者（GMO ペイメントゲートウェイ㈱）が運営するスマートフォン決済専用の Web サイト（国税スマートフォン決済専用サイト）から、納税者が利用可能な Pay 払いを選択し、納付受託者に納付を委託する方法です。インターネットを利用しスマートフォンを使用した決済サービスへの残高のチャージが必要となります。

　クレジットカード納付は、パソコン等を使用して納付受託者（トヨタファイナンス㈱）が運営する専用サイトから納付受託者にクレジットカード支払の方法を利用した納付（立替払い）を委託する方法です。

ハ　第三者による納付

　国税は、本来これを納付すべき者のために、だれでもその者に代わって納付することができます。ここで、本来「納付すべき者のために納付する」（通41）とは、第三者が自己のために納付するのではなく、納付すべき者のために納付するということです。したがって、この場合には、第三者の納付であることを明らかにする必要があります。また、その納付の効果は、直接納付すべき者に帰属するため、過誤納金などが生じた場合は、本来納付すべきであった者に還付することになります。

ニ　予納

　納付すべき税額の確定がなければ、納付された税額は誤納となります。その例外として予納制度があります。それは、納付すべき税額の確定した国税で、その納期限が到来していないもの及び最近において納付すべき税額が確定することが確実と認められる国税について、納

税者が予納の国税として納付する旨を書面で税務署長に申し出て納付するものです。

なお、e-Tax を利用して、一定の国税の期限内申告により納付が見込まれる金額について、申告書の提出前にダイレクト納付により予納をすることができます。

予納の国税は適法な納付であることから、納付した者は還付を請求することができません（通59①）。ただし、国税を納付する必要がなくなったときは、過誤納として還付し、又は他に未納の国税があれば、その国税に充当します（通59②）。

国税庁では、予納制度の積極的な利用勧奨を行っています。

第2節　国税の徴収

1　徴収の意義

　「国税の徴収」には、広狭二つの考え方があります。そのうちの一つは、納税の告知などのように、確定した国税の履行を求め、その収納を図る手続のみをいう場合（狭義の徴収）です。もう一つは収納に加え課税する処分（賦課ともいう。）を含めたものをいう場合です。

　ここでいう国税の徴収は、前者を意味するものですが、その手続は、更に「納税の請求」と「滞納処分」とに細分されます。このうち、滞納処分に関する手続は徴収法に定められています。したがって、通則法で定められているのは、納税の請求である納税の告知と督促及び繰上請求です。

　具体的には次のようなイメージです。

（図9）時系列でみた国税債権の確保手続……国税通則法と国税徴収法
　　　の関係

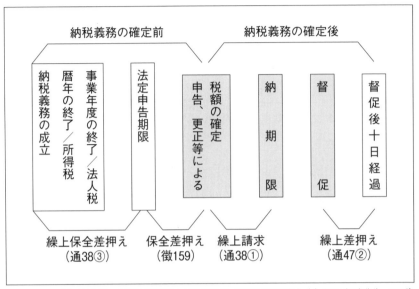

〔資料出所：国税庁税務大学校講本「国税通則法」（令和5年度版）66頁〕

2　徴収の所轄庁（通43）

　「国税の徴収」に係る「所轄庁」は、原則としてそれぞれの税目につ
いて所轄する署の税務署長とされています（通43①②）。

　ただし、税務署長は、必要があると認めるときは、その徴収する国税
について、他の税務署長に「徴収の引継ぎ」をすることができることと
されています（同条④⑤）。

3　納税の告知（通36）

（1）納税の告知をする国税（通36①）

　税務署長は、国税に関する法律の規定により、次のような国税を徴収

しようとするときは、「納税の告知」をしなければならないこととされています（通36①）。

イ　賦課課税方式による国税（申告納税方式による国税の加算税である過少申告加算税、無申告加算税及び重加算税はこれに含まれません。）

ロ　源泉徴収等による国税（源泉所得税及び特別徴収による国際観光旅客税）で、法定納期限までに納付されなかったもの

ハ　登録免許税及び自動車重量税で、それぞれの法定納期限までに納付されなかったもの

　なお、申告納税方式による国税については、納税者が自主的に納付書により納付すべきこととしているため、納税の告知は行われません。

（2）告知の手続（通規6①）

　「納税の告知」は、税務署長が納税者に対し、法定の書式（通規6①）による納税告知書を送達することによって行います。このような所定の手続は、一般に「要式行為」と呼ばれています。ただし、担保として提供された金銭をもって消費税等を納付させる場合などには、口頭による納税の告知も認められています（通36②ただし書）。

（3）告知の効果（通32③、38②、73①）

　納税の告知を行うと、次のような効果が生じます。

納税の告知の効果	①　国税の納付を命ずる行為としての意義を持ち、具体的には納税者に納付の手段を与え、納期限を指定する。
	②　賦課課税方式による国税のうち、課税標準申告書の提出を要するものでその申告書が是認された場合は、納税告知書の送達をもって賦課決定が行われるため、例外的に税額を確定する効力がある（通32③かっこ書）。
	③　繰上請求としての効果を持つ場合もある（通38②かっこ書）。
	④　納税の告知がなされた国税については、その徴収権の消滅時効を中断する効力がある（通73①三）。

4　督　促（通37）

（1）督促の要件（通37①、38）

　国税をその納期限までに完納しないときは、税務署長は納税者に対し「督促状」によりその納付を「督促」しなければならないこととされています（通37①）。

　なお、次のような国税債権を緊急に保全する必要がある場合には、督促を要することなく、その納付を請求することが認められています。

①　繰上請求（通38①）、繰上保全差押え（通38③）又は保全差押え（徴159）がされる場合

②　国税に関する法律の規定により一定の事実が生じた場合に直ちに徴収する国税（酒54⑤など）の場合

（2）督促の手続（通37②）

　「督促」は、督促を要する国税の納期限の翌日から起算して50日以内に督促状（通規16）の送達をもって行う要式行為です（通37②）。なお、

口頭による督促は認められていません。

　また、督促をする国税に延滞税又は利子税があるときは、本税と併せて督促することとされています（通37③）。

(3) 督促の効果 （通40、73①）

　「督促」は、本来の納付の催告として行われる行為ですが、単なる「催告」にとどまらず、「差押え」の前提要件としての効果（通40）及び「徴収権の消滅時効中断」の効果（通73①四）をもっています。したがって、督促を欠く滞納処分は違法となります。また、滞納者の側からみれば、督促状の送達がなければ原則として差押えを受けることはありません。その意味で、督促は国税債権を強制徴収する際における必須の手続ということになります。

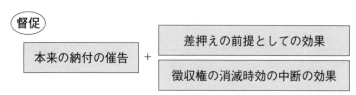

5　繰上請求 （通38）

　納期限は、納税者の利益のために設けられている制度です（民136）。したがって、税務署長は、原則として、その期限の利益を奪うことはできません。しかし、納税者の財産につき強制換価手続が開始された場合や法人である納税者が解散した場合など（通38①一～六）、本来の納期限まで待っていては、国税の完納が期待できないと認められる場合もあります。このように、「国税債権の確保が困難になる場合」に、当局が納

税者の持っている「期限の利益」を奪って、国税の保全を図り又は徴収を行うことのできる制度が「繰上請求」です。

　繰上請求は、更に次の二つに区分されます。

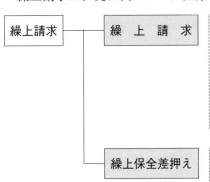

繰上請求	繰　上　請　求	納税義務が既に確定し、単に納付が履行されるのを待っている国税について、税務署長に納期限を繰り上げて請求する権限を認めたもの（通38①）
	繰上保全差押え	納税義務の成立（課税資産の譲渡等及び特定課税仕入れに係る消費税については課税期間の経過）後、未確定の国税については、法定申告期限前に徴収保全の措置として納税者の財産を差し押さえるもので、税務署長に確定見込税額のうち徴収を確保すべき金額の決定及び直ちに差押えの処分ができる権限を認めたもの（通38③）

第3節　滞納処分

1　滞納処分の意義

　「滞納処分」とは、徴収権者である国が滞納者の意思にかかわりなく、国税債権を強制的に実現する手続で「差押え」、「換価」、「配当」及び「交付要求（参加差押えを含む。）」などを全て含んだ概念です（広義の滞納処分）。

　また、上記の処分手続から交付要求を除いたものを滞納処分という場合もあります（狭義の滞納処分）。

　「差押え」は処分禁止の手続です。次の「換価」手続で差し押さえた財産の金銭化が行われ、更に「配当」手続において国税優先の原則が実現されます。

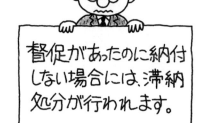

　なお、これらの一連の手続については国税徴収法に定められています。

2　国税徴収法の目的（徴1）

　国税の滞納処分に関する手続等は、主として国税徴収法に規定されています。

　国税徴収法は、国税の滞納処分その他強制徴収に関する手続を定めた法律ですが，強制徴収に際しては、できる限り担保物件などの権利者の権利を侵さないように配慮しながら、国民の納税義務の適正な実現を通じて国税債権の確保を図ることをその目的として制定されたものです

（徴1）。

3 国税徴収法の内容

　国税徴収法の規定は、大別すると①国税債権の確保、②私法秩序の尊重、③納税者の保護に分けられます。

（1）国税債権の確保（徴22ほか）

　国税の適正な徴収は、国の財源の確保という本来の目的のみならず、国税の公平な負担の観点からも極めて重要です。そのため、徴収法では、国税債権を確保するための措置として、国に対し、実体的な面で「国税の優先権」、手続的な面で「自力執行権」を認めています。また、そのほか納税義務の拡張（徴22、32以下など）、徴収強化の措置（徴158、159）の権限も与えられています。

イ　国税の優先権（徴8）

　国税は原則として、すべての公課（雇用保険料等）及び私債権に優先して徴収することとされています（徴8）。

　国税の徴収にこのような優先権が与えられたのは、次のことを考慮したためです。

①　国税収入は国家財政収入の大部分を占め、国家活動の基礎をなすものであり、その徴収は国家の財政力を確保する上で非常に重要なものであること。

②　国税は、税法に基づいて一律に成立するものであり、債権者の選定や債権の内容について債権者が自由に選択できる私債権とは根本的に異なること。その上、国税の徴収は大量性、反復性を有し、あまり煩雑な手続を要求するのは困難であること。

ロ　自力執行権（通37、徴47〜81）

国税債権確保のため、徴収職員（ここで徴収職員とは、税務署長、国税局長等及びこれらの者から命を受けた税務署などに所属する徴収職員のことです（通40、徴182①ほか）。）にはいろいろな権限が与えられています。そのうち最も強力なものが「自力執行権」です。

「自力執行権」とは、納税義務の不履行に対し、徴収職員自らが差押え等の強制処分によって履行があったのと同一の効果を実現させる権限です。私法上の債権については、その債務不履行に対して債権者が自ら強制手続に訴えることはできず、司法機関による履行の強制を必要とすることとされています。この点で、私債権と国税債権には根本的な差異があります[注]。

> [注]　国税債権の確保という目的を実現するため、国税徴収法では、これらに加え、徴収職員にも質問検査権が与えられています。また、事業者又は官公署に調査の協力を求めることもできることとされています（徴141、146の2）。

（2）私法秩序の尊重（徴15〜21ほか）

国税に優先権や自力執行権があるとしても、これを無制限に認めることになると、一般の取引に障害を生じる恐れもあります。そこで、「国税債権の確保」と「私法秩序の尊重」との調和を図るため、実体面において国税の優先権を制限するとともに、手続面においては滞納処分に当たって第三者の権利を保護するため次のような措置が採られています。

イ　国税の優先権の制限（徴9、15〜21ほか）

国税の優先権に対して、次のような制限を設けて私法秩序との調整を図っています。

①　強制換価手続（滞納処分、強制執行、担保権実行としての競売、企業担

保権の実行手続、破産手続をいう（徴2二十二）。）の費用、留置権で担保される債権、特別の前払借賃及び不動産保存などの先取特権で担保されている債権は、常に国税に優先します（徴9、19、21、59③、71④）。

②　質権、抵当権、不動産賃貸などの先取特権及び担保のための仮登記で担保される債権は、法定納期限等以前又は財産の譲受け前からある場合には、国税に優先します（徴15、16、17、20、23）。

ロ　第三者の権利の保護（徴50、51ほか）

滞納処分に当たって、第三者の権利を保護する規定は数多く設けられていますが、そのうち主なものは次のような事項です。

①　差押えを行う財産の選択に当たっての第三者の権利の尊重（徴49）

②　①に対応する差押換請求権及び換価申立権（徴50）

③　相続人の権利の尊重と差押換請求権（徴51）

④　第三者が占有する滞納者の動産又は有価証券の差押えの制限と引渡命令の制度（徴58）

（3）納税者の保護（徴151、152）

債務者である納税者自身（滞納者）についても、通常の生活や事業活動を行っていくことを認めていく必要がありますが、そのためには法令上も合理的な保護を要します。そこで、徴収法では、納税緩和制度、換価の猶予、超過差押えの禁止及び無益な差押えの禁止などの規定を設け、納税者の保護を図っています。

イ　納税緩和制度

国税がその納期限までに納付されない場合には、督促を前提として滞納処分を行うのが通常ですが、滞納者の実情に応じ国税の納付又は徴収を緩和する制度が設けられています（第5章「納税緩和制度及び担保」

参照)。

ロ　換価の猶予（徴151、151の2）

　「換価の猶予」は、滞納者に一定の事由が生じた場合に、税務署長が職権で差押財産の換価を猶予して、滞納者の事業を継続させ、又は生活を維持させながら、国税の円滑な徴収を図ろうとする制度です（徴151）。

　猶予期間は1年以内（2年まで延長可）ですが原則として担保の提供が必要です。

　なお、一時に納付することにより事業継続・生活維持困難となるおそれがあり、納税について誠実な意思を有するとき（他に滞納がある場合は除く。）は、納税者の申請（納期限から6か月以内の申請が必要）による換価の猶予も認められます（徴151の2）。

ハ　超過差押え及び無益な差押えの禁止（徴45、75～78ほか）

　滞納処分に当たっては、滞納者の権利保護のために慎重な手続が定められています。

　そのうち主なものは、次のような事項です。

①　超過差押え及び無益な差押えの禁止（徴48）

②　差押禁止財産の制度（徴75～78）

③　差押財産の使用収益の是認（徴61①、69①、70⑤、71⑥）

第4節　納税証明

1　納税証明の意義（通123）

　「納税証明」とは、納付すべき税額や所得金額等について、納税者の請求に基づき税務当局がそれを証明書の形で証明するという制度です。この制度は、納税者の資力、信用力などを直接又は間接に表示する有力な資料として利用され、納税者に便宜を与えることを主たる目的として設けられたものです（通123）。

　納税義務が抽象的に成立しただけの段階では、原則としてこの証明は不可能ですが、納付すべき税額が確定した段階になるとその証明が可能になります。

　納税証明制度は、国税債権の公示手段として広範囲に利用されています。

2 納税証明の要件（通123）

（1）請求者による交付の制限（通123①）

「納税証明」をする事項は、基本的には個人又は法人の秘密に関する事柄です。

したがって、証明する事項は、その請求者の国税に関するものに限られています。また、納税証明を請求できる者も、証明を受ける国税を納付すべき本来の納税者、第二次納税義務者、国税の保証人及びその者から委任を受けた者に限られています（通123①）。

（2）使用目的による交付の制限（通令41⑤）

納税者からの請求に基づき税務署長が納税証明書の交付ができるのは、次の使用目的のいずれかに該当する場合です（通令41⑤）。

① 国税又は地方税と競合する債権の担保権を設定するとき。

② 法令の規定に基づき国又は地方公共団体に提出するとき。

③ その他、使用目的に相当の理由があると認められるとき。

（3）証明できる事項（通令41①〜③）

納税証明書で証明できるのは、次のような事項です（通令41①〜③）。

① 納付すべき額として確定した税額、納付した税額及び未納の税額（これらの税額がないことを含む。）とその国税の法定納期限等（徴15①）

② 所得税についての総所得金額、課税総所得金額及び法人税についての事業年度の所得の金額

③ 国税の滞納処分を受けたことがないこと。

3 納税証明の申請、交付手続
（通123、通令41、42）

（1）通常の納税証明書（通令41④⑤）

　納税証明書の交付を受けようとする納税者等は、証明を受ける国税の年度及び税目など一定の事項を記載した「請求書」によって行うこととされています。オンラインによる交付請求もできます。この納税証明書は、未納税額のないこと又は滞納処分を受けたことのないことの証明を除き、税目別に作成されます（通令41④⑤）。

（2）電子納税証明書

　電子納税証明書は、税務署長（国税局長）が、請求者である納税者の所得金額や税額を証明するもので、書面による納税証明書と同様の事項を証明する電子データです。

　電子納税証明書は電子データが原本であり、紙に出力したものは原本ではありません。

（3）QRコード付き納税証明書

　令和3年7月からは、e-Tax を使って電子納税証明書の交付申請を行い、メッセージボックスに格納された電子納税証明書（PDF ファイル）をダウンロードして何枚でも印刷して使用できることとなりました。

　この証明書には証明内容が格納された QR コードが付いており、国税庁のホームページで証明内容を確認できます。

（4）手数料等

　納税証明は原則として有料（1通につき400円、オンラインで交付請求する場合は1件につき370円）です。ただし、災害等に伴う資金借入れや生活扶助申請のための証明については手数料は不要となっています（通123、通令42）。

4 附 帯 税

第1節　附帯税とは

1　附帯税の概要（通6章）

　国税債権を期限内に申告納付した者とそうでない者との間で、最終的な負担が全く変わらないということであれば、法律で期限を設けた意味がなくなってしまいます。

　このようなことから、国税通則法においては、国税債権の期限内における適正な実現を担保し、併せて、期限内に申告、納付を行った者とのバランスを確保するという観点から、納付遅延等があった者に対し、本税に加え、延滞税、利子税及び加算税を課すこととしています（同法第6章　附帯税）。

　これらの税は、本税たる国税債権に附帯して課されるものであることから、「附帯税」という名で総称されています（通2四）。

　また、附帯税ではありませんが、印紙税法上、加算税と同じ性質を有する「過怠税」という制度が設けられています（印20）。

　「附帯税」は、あくまで本税に附随して課される税です。したがって、その対象となる本税自体が裁判等で取り消されるに至った場合には、附帯税はその成立の基礎を失うことになり、その賦課は無効となります（昭23.10.13東京高裁）。

2　附帯税の種類（通2四）

　国税通則法上、附帯税とは、国税のうち、次のものをいうこととされています（通2四）。

附帯税	・延滞税
	・利子税
	・過少申告加算税
	・無申告加算税
	・不納付加算税
	・重加算税

　このうち、延滞税は遅延損害金、利子税は延納期間中の利息的な意味あいを有するものと考えられています。

　これに対し、過少申告加算税、不納付加算税、無申告加算税及び重加算税は、行政制裁的な色彩を有するものとして延滞税や利子税とは区分されています。

　なお、上記の附帯税のうち利子税は、所得税、相続税及び贈与税につき延納があった場合又は法人税につき申告書の提出期限の延長があった場合に課される特殊な形態の附帯税です。そのため、通則法では共通的事項についてのみ規定し、具体的な課税要件等については個別税法で規定するという形がとられています。

第2節　延滞税及び利子税

1　延滞税（通60ほか）

（1）延滞税とは（通60）

　納税者が納付すべき国税を法定納期限までに納付しない場合は、期限内に納付した者との権衡を図る必要があること、併せて国税の期限内納付を促進させる見地から、納付遅延に対して遅延利息に相当する「延滞税」が課されます（通60）(注)。

> 注　延滞税は附帯税の中で最も歴史が古く、明治44年（1911年）に設けられました。ただし、当時の名称は「延滞税」ではなく「延滞金」でした。なお、当時は賦課課税制度であり、しかも源泉徴収制度などもなかったため、「加算税」という制度は設けられていませんでした。なお、延滞税の納付遅延があった場合、米国などでは複利計算されますが、日本では延滞税部分に新たに延滞税が課されること（いわゆる複利計算）はありません（通60②）。

　「延滞税」については、所得税の所得計算上、これを必要経費に算入することはできませんし（所45①二、三）、法人税法上も損金算入は認められていません（法55③）。

納付しないと、本税のほかに延滞税もかかります。

（2）延滞税が課される税（通60①）

「延滞税」が課されるのは、次のような場合です（通60①）。

① 申告納税方式による国税

   A　期限内申告書を提出した場合に、その納付すべき国税を法定納期限までに完納しないとき。

   B　期限後申告書、修正申告書を提出し、又は更正、決定により、納付すべき国税があるとき。

② 賦課課税方式による国税

   納税の告知による納付すべき国税を、その法定納期限までに完納しないとき。

③ 予定納税による所得税

   予定納税による所得税を、その法定納期限までに完納しないとき。

④ 源泉徴収等による国税

   源泉徴収等による国税を、その法定納期限までに完納しないとき。

延滞税は、特別の確定手続等がなくても確定するものとされています（通15③六）。

（3）延滞税の計算

（原則）（通60②）

「延滞税」は、法定納期限の翌日から起算して、その国税を完納する日までの期間に応じ、未納税額に対し原則として年14.6％（ただし、次のような特例が設けられています。）の割合で計算されます。

また、納期限までの期間及びその翌日から起算して2月を経過する日までの期間については、この割合は原則として年7.3％（ただし、次のような特例が設けられています。）として計算することとなっています（通60②）。

具体的には次のようになっています。

（図10）延滞税の課税割合（通則法61条関係を除く。）

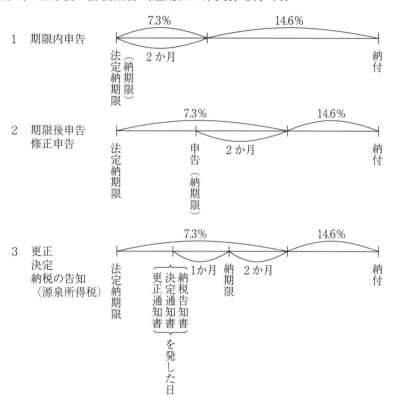

〔資料出所：国税庁税務大学校講本「国税通則法」（令和５年度版）50頁〕

（特例）（措94①）

　延滞税のこの割合は高金利時代に設定されたものであるため、最近のような低金利時代にそぐわないのではないかとの批判がありました。そこで、平成11年（1999年）に公定歩合に連動した割合が特例として措置法に定められ、更に平成25年（2013年）及び令和２年（2020年）の税制改正により、延滞税特例基準割合(注)に１％を加えたものと年7.3％の割合

のいずれか低い方にすることとされました。

　さらに、14.6%適用部分についても、延滞税特例基準割合に7.3%を加えた割合となりました。

　なお、令和２年度の改正で、延滞税と共通の特例基準割合に代えて、利子税特例基準割合、猶予特例基準割合、還付加算金特例基準割合などが新たに設けられています。

　　注　「延滞税特例基準割合」は次により計算されます。

$$\left(\begin{array}{l}\text{平均貸付割合（貸出約定平}\\\text{均金利として各年の前年の}\\\text{11月30日までに財務大臣が}\\\text{告示する割合）}\end{array}\right) + 1\%{}^{※} = \begin{array}{l}\text{延滞税特例基準割合}\\\text{（0.1%未満の端数切捨て）}\end{array}$$

（令和６年においては0.4%）

　※　利子税特例基準割合等にあっては0.5%となります。

（表13）延滞税率等一覧表

	内容	本則	特例 【令和3年分以降】	令和 6年分 （平均貸付 割合0.4%）
延滞税	法定納期限を徒過し履行遅延となった納税者に課されるもの	14.6%	【延滞税特例基準割合】 平均貸付割合＋1％ ＋ 7.3％ （早期納付を促す）	8.7%
2か月以内等	納期限後2か月以内等については、早期納付を促す観点から低い利率	7.3%	【延滞税特例基準割合】 平均貸付割合＋1％ ＋ 1％ （早期納付を促す）	2.4%
納税の猶予等	事業廃止等による納税の猶予等の場合には、納税者の納付能力の減退といった状態に配慮し、軽減（災害・病気等の場合には、全額免除）	2分の1免除 （7.3%）	【猶予特例基準割合】 平均貸付割合＋0.5％	0.9%
利子税 （主なもの）	所得税法・相続税法の規定による延納等、一定の手続を踏んだ納税者に課されるもの	7.3%	【利子税特例基準割合】 平均貸付割合＋0.5％ (注) 相続税・贈与税の7.3％以外の利子税については、次の計算式で算定 利子税の割合（本則）×特例基準割合/7.3％	0.9%
還付加算金	国から納税者への還付金等に付される利息	7.3%	【還付加算金特例基準割合】 平均貸付割合＋0.5％	0.9%

※上記の平均貸付割合は、日本銀行が公表する前々年9月～前年8月における「国内銀行の貸出約定平均金利（新規・短期）」として11月30日までに財務大臣が告示した割合です。

〔資料出所：財務省抜すい一部修正〕

（4）延滞税の計算の特例（通62）

a　一部納付があった場合の延滞税の計算

　延滞税を計算する基礎となる本税について一部納付があったときは、その納付の日の翌日以降の期間に対応する延滞税は、一部納付がされた税額を控除した未納の本税額を基礎として計算されます（通62①）。また、国税の一部納付があった場合には、納付した金額が本税の額に達するまでは、その納付額はまず本税に充てることとされています。これは、民法の利子先取（民491①）の趣旨とは逆になりますが、その納付した金額は、まず本税に充てることにより延滞税の負担を軽くするということであり、納税者の利益を図ったものとされています（通62②）。

　具体的には次のようになります。

【設例1】期限内申告書を提出したが、納付が期限後となった場合

① 申告により納付すべき税額　900,000円

② 法定納期限（納期限）　3月15日

③ 納付状況　4月30日　300,000円

　6月30日　600,000円

（計算）

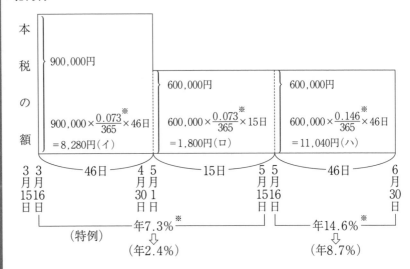

（原則）

　この例では、（イ）〜（ハ）の合計額21,120円（＝8,280円＋1,800円＋11,040円）となりますので、確定金額の100円未満の端数を切り捨てた21,100円の延滞税が課されます。

（特例計算）

　※　ただし、（イ）、（ロ）の部分について延滞税特例基準割合＋1％の割合（令和6年1月1日から12月31日までの間については2.4％）が、（ハ）の部分については8.7％がそれぞれ適用されますので（イ）の部分は2,722円、（ロ）の部分は591円、（ハ）の部分は6,578円となります。その結果、延滞税の合計額は9,800円（9,891円で100円未満は切捨て）となります。

【設例2】 更正により新たに納付すべき税額が確定した場合

① 更正により新たに納付すべき税額　1,000,000円
② 法定納期限　　3月15日
③ 納期限　　　　7月31日（更正通知書6月30日発送）
④ 納付状況　　　7月31日　300,000円
　　　　　　　　9月20日　200,000円
　　　　　　　　10月20日　500,000円

（計算）

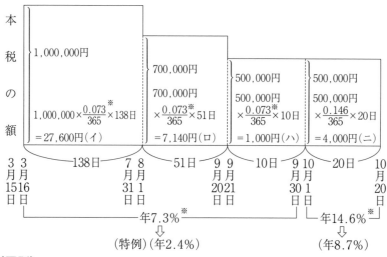

（原則）

　この事例では、（イ）～（ニ）の合計額39,740円となりますので、確定金額の100円未満の端数を切り捨てた39,700円の延滞税が課されます。

（特例計算）

※　ただし、上記（イ）～（ハ）について延滞税特例基準割合＋1％の割合（令和6年1月1日から12月31日までの間については2.4％）が（ニ）の部分については8.7％がそれぞれ適用されますので、延滞税の合計額は14,100円（（イ）＝9,073円、（ロ）＝2,347円、（ハ）＝328円、（ニ）＝2,383円の合計14,131円）となります。

b 控除期間のある延滞税の計算 (通61)

申告納税方式による国税に関し、期限内申告書又は期限後申告書の提出（期限内申告の場合は法定申告期限）後1年以上経過して修正申告又は更正があった場合には、申告書の提出（期限内申告の場合は法定申告期限）後1年を経過する日の翌日から修正申告書を提出した日又は更正通知書を発した日までの間は、延滞税の計算期間から控除することとされています（通61①）。

> 注 この控除期間については、源泉徴収等による国税についても認められています（通61③）。

ちなみに控除期間をイメージ図の形で示すと次のようになっています。

(図11) 延滞税の計算期間 (法定納期限の翌日から完納の日までの期間) から控除される期間

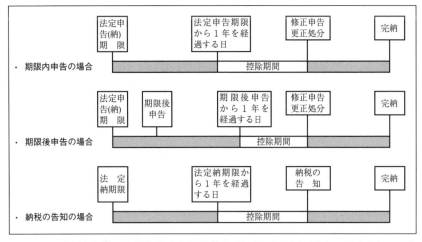

〔資料出所：国税庁税務大学校講本「国税通則法」（令和5年度版）55頁〕

申告納税方式による国税に関し、このような控除期間が設けられている理由は、法定申告期限からかなりの期間を過ぎて修正申告、更正などがあった場合に、あえて法定納期限までさかのぼって、多額の延

滞税を負わせることは実際上酷であること、及び税務署の事務配分上更正などの時期が納税者ごとに別々であることなど、納税者の責に帰すことのできない事由により、経済上の負担に差異が生じるのは適当でないことを考慮して設けられたものです。

したがって、無申告の場合や重加算税が課されるような場合には、期限後申告書が提出されるまでの間及び重加算税の対象となった本税相当分については、計算期間の控除は認められません（通61①③）。

具体的には、次のようなイメージです。

(図12) 控除期間のある延滞税の計算に関するイメージ図(申告所得税の場合)

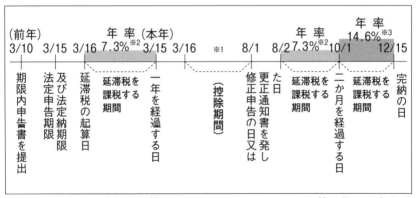

※1　無申告及び重加算税等賦課されるケースについては控除期間はありません。

　2　この部分については、延滞税特例基準割合プラス1％の割合（令和6年1月1日から12月31日までの間については2.4％）が適用されます。

　3　この部分については、延滞税特例基準割合プラス7.3％の割合（令和6年については8.7％）が適用されます。

また、平成26年12月12日の最高裁判決（判時2254号18頁）をふまえ、平成28年度の税制改正で、税務署長がいったん減額更正をした後、増額更正等により納付すべき税額については、その申告により納付すべき税額の納付日の翌日から当該増額更正等までの期間は、延滞税を課

さないこととされました（通61②）。

　具体的には次のようなイメージです（大蔵財務協会「改正税法のすべて（平成28年版）」より）。

（図13）

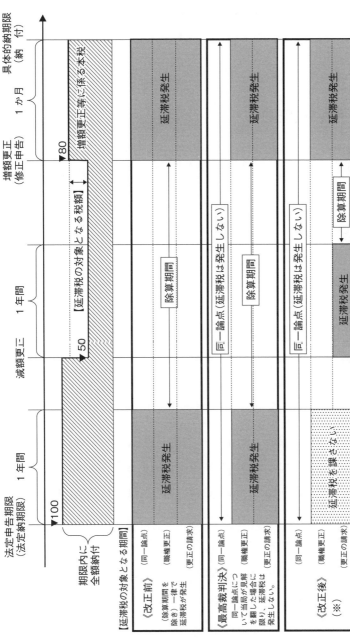

（※）増額更正までの期間については延滞税を課さない。ただし、更正の請求に基づく場合に限り、減額更正時から最大1年間の延滞税を課す。また、未納期間については、延滞税の対象となる。（当初申告⇒減額更正⇒増額更正）における加算税の取扱い（当初申告税額までは増額されない）について、改正前の通達を法定化する。

（注）あわせて、上記と同様の場合（当初申告⇒減額更正⇒増額更正）における加算税の取扱い（当初申告税額までは課さない）について、改正前の通達を法定化する。

c 納税の猶予等の場合の延滞税の免除 (通63)

災害等を受けた場合その他一定の要件に該当する場合には、納税が猶予されるとともに、延滞税についても軽減、免除を受けることができることとされています (通63)。

2 利子税 (通64)

一定の条件により延納又は納税申告書の提出期限の延長が認められた国税については、それぞれ延長された期間に応じて、「利子税」が課されます (通64①、所131③、136、相52、法75⑦、75の2⑥)。これは、民事におけるいまだ履行遅滞に陥っていない場合に課せられる「約定利息」に相当するものです。

利子税の割合は、法定納期限の翌日から延納又は延長期間中の未納税額に対し納付する期間に応じ、所得税、法人税については年7.3% (所131③、136、法75⑦)、相続税、贈与税についてはそれぞれ年6.0%又は年6.6%の割合 (相52①、措70の11) で計算するのが原則です。

ただし、利子税についても、延滞税の割合の計算特例と同様の特例が認められています。

その結果、この割合は、利子税特例基準割合 (平均貸付割合に0.5%を加算した割合。令和6年中に納期限が到来する分にあっては、0.9%) となり、相続税、贈与税に係る利子税にあっては、利子税特例基準割合が年7.3%に占める割合を乗じて得た割合となります。

なお、利子税の計算方法は、延滞税の場合と同じです。したがって、利子税の確定金額に100円未満の端数が生じたときは切捨てとなります。

また、利子税に対しては延滞税は課されません (通60②、64②)。

ちなみに延滞税と利子税の差異及び延滞税と利子税の税率は次のよう

になっています。

(表14) 延滞税と利子税の差異一覧表

	延　滞　税	利　子　税
課税要件	次に掲げる国税で、それぞれの事実に該当するときに課されます（通60）。 1　申告納税方式による国税 　(1)　期限内申告書を提出した場合に、その納付すべき国税を法定納期限までに完納しないとき。 　(2)　期限後申告書、修正申告書を提出し、又は更正、決定により、納付すべき国税があるとき。 2　賦課課税方式による国税 　納税の告知による納付すべき国税を、その法定納期限までに完納しないとき。 3　予定納税による所得税 　予定納税による所得税を、その法定納期限までに完納しないとき。 4　源泉徴収等による国税 　源泉徴収等による国税を、その法定納期限までに完納しないとき。	1　延納が認められた国税又は納税申告書の提出期限が延長された国税について、延納期間又は延長した期間について課されます（通64①、所131③、136①、相52①、法75⑦、75の2⑧）。 2　物納に係る相続税について、納付があったものとされた日（相43②）までの期間に対して課されます（相53①）。 3　連帯納付義務者が相続税法34条1項の規定により相続税を納付する場合に延滞税に代えて課されます（相51の2①）。
課税割合	法定納期限の翌日から、その国税を完納する日までの期間に応じ、未納税額に対し年14.6％（8.7％）※の割合で計算します。 　ただし、納期限までの期間及びその翌日から起算して2月を経過する日までの期間については、この割合は年7.3％（2.4％）※になります（通60②、措94）。	法定納期限の翌日から延納又は延長期間中の未納税額に対し納付する期間に応じ、原則として所得税、法人税については年7.3％（0.9％）※（所131③、136、法75⑦、措94）、相続税、贈与税についてはそれぞれ年6.0％（0.9％）※又は年6.6％（0.9％）※（相52①、措70の11）の割合で計算します。
計算方法	$$\underset{\text{（1万円未満端数切捨て）}}{\text{納付すべき本税の額}} \times \underset{(8.7\%)(2.4\%)^※}{\overset{\text{（割　合）}}{14.6\%\ 7.3\%}} \times \underset{365日}{\overset{\text{期間（日数）}}{}}$$ 　＝延滞税の額（100円未満端数切捨て）	$$\underset{\text{（1万円未満端数切捨て）}}{\text{納付すべき本税の額}} \times \underset{(0.9\%)}{\overset{\text{（割合）}}{7.3\%}} \times \underset{365日}{\overset{\text{期間（日数）}}{}}$$ 　＝利子税の額（100円未満端数切捨て）
その他	1　本税のみについて課され、いわゆる複利計算はしません（通60①三かっこ書、②）。 2　計算の基礎となる国税の税目として本税と併せて納付します（通60③④）。	左記1～2は同様（通64①③） 3　利子税の計算期間については、延滞税は課されません（通64②）。

※　（　）内の数字は、令和5年における割合です。

〔資料出所：国税庁税務大学校講本「国税通則法」（令和5年度版）52頁より抜すい、一部修正〕

第3節　加算税

（1）加算税の概要（通65～69）

　「加算税」も賦課課税方式により確定する税の一つです。しかし、この税は、申告納税方式による国税及び源泉徴収による国税が法定申告期限又は法定納期限までに適正な申告又は納付がされない場合に課される一種の「行政制裁的性格を有する特別な税」です。

　主要国の加算税制の概要については巻末資料を参照して下さい。

　そして、法定申告期限又は法定納期限の経過によって成立します（通15②）。しかし、加算税は、延滞税など他の附帯税と異なり、自動的に確定するものではなく、その確定のためには賦課決定という確定手続が必要とされています（通32①三）。

　また、税目は、計算の基礎となる税額の属する税目の国税とされます（通69）。

（2）加算税の種類（通65～69）

　「加算税」は、申告納税方式による国税に対して課される「過少申告加算税」、「無申告加算税」及び「重加算税」と源泉徴収による国税などを対象とした「不納付加算税」の4種類に区分されます。

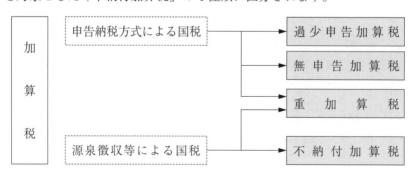

（3）加算税と延滞税との関係

　「加算税」と「延滞税」との関係についてですが、行政罰に対してさらに遅延利子を付加することを避けるという考慮と納税者の過重負担を避けるという考慮から、各種加算税には延滞税は課されないこととされています。

（4）加算税の性質について

　なお、申告納税方式による国税に係る過少申告加算税と重加算税は、ともに申告義務違背に対する制裁という点では同じ性質を有しています（最高裁三小、昭和39年2月18日判決）。したがって、無申告加算税を課すべきであるのに過少申告加算税を課しても、その処分は重大なかしがあるとはいえず、納税者が不利益を受けるものではないとされています（例えば、最高裁三小、昭和39年2月18日判決、最高裁二小、昭和40年2月5日判決）。

1 過少申告加算税（通65①）

（1）原則（通65①）

　「過少申告加算税」は、申告期限内に提出された納税申告書に記載された申告金額が過少であるとして修正申告書が提出された場合や更正があった場合に課される税です。その税率は修正又は更正により納付すべき税額の10％相当額とされています（通65①）。

（2）加重（通65②③④）

1．通常の加重

　ただし、その金額が期限内申告税額相当額又は50万円のいずれか多い金額を超える場合には、その部分に対し、10％に加え、更に5％相当の金額を加算した金額とされます（通65②③）。

　これは、多額の申告もれについては、通常の過少申告加算税よりも重い負担を課すことにより、その抑制を図るためであるとされています^(注)。

> 注　この税率は通則法制定時は5％でしたが、昭和59年の改正で5％と10％の2段階制となり、昭和62年にこれが10％と15％に引き上げられました。

（図14）過少申告加算税額（通65）の具体的算定方法と計算イメージ

○通常の場合

$$増 \ 差 \ 本 \ 税 \times 10\% = 納付すべき加算税の額$$
（1万円未満端数切捨て）　　　　　　（100円未満端数切捨て
全額5,000円未満切捨て）

○加重分がある場合（通65②）

（通常分）　増 差 本 税　　× 10% = 加算税の額………①
（1万円未満端数切捨て）

（加重分）　増 差 本 税 － 控 除 税 額　＝Ａ
（1万円未満端数切捨て前）（期限内申告税額相当額か
50万円のいずれか多い額）

Ａ　　　× 5% = 加算税の額………②
（1万円未満端数切捨て）

加重分がある場合における納付すべき加算税の額
合計額 = ① + ② = 納付すべき加算税の額
（100円未満端数切捨て
全額5,000円未満切捨て）

〔資料出所：同前34頁より抜すい一部修正〕

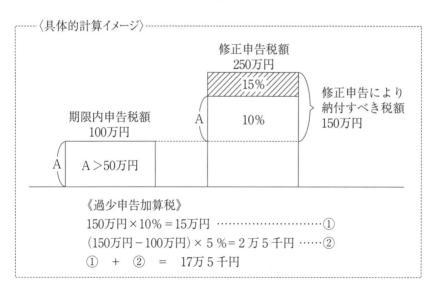

〈具体的計算イメージ〉

修正申告税額
250万円

15%

修正申告により
納付すべき税額
150万円

期限内申告税額
100万円

Ａ　10%

Ａ　Ａ＞50万円

《過少申告加算税》

150万円×10% = 15万円 ……………………①

（150万円－100万円）× 5 % = 2 万 5 千円 ……②

① ＋ ② = 17万5千円

2．帳簿等不提示又は記載不備に係る加重措置

　これらに加え、令和4年度の税制改正で、税務調査時に帳簿等を提示しない場合又は帳簿の記載不備の場合（売上計上が相当額の2分の1に満たない場合）には通常の加算額に加え10％の上乗せ課税が、売上計上が相当額の3分の2に満たない場合には5％の上乗せ課税がされることとなりました（通65④）。

　具体的には次のようなイメージです。

【加重措置の適用対象範囲のイメージ】

・　給与所得者を含めた全体の納税義務者に占める帳簿の不保存・記載不備の事業者の割合は僅少であり、そういった一部の者について所得把握を十分に行えない不公平を是正するため、その記帳義務の履行の程度に応じたペナルティ（加算税の加重）を課す。

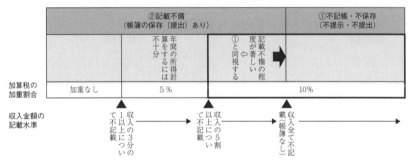

(注)　収入金額は営業収入を使用。

〔資料出所：大蔵財務協会「改正税法のすべて（令和4年版）」762頁より抜すい〕

　注　これらについては、令和6年1月1日以後に法定申告期限が到来する分から適用されています。

（3）過少申告加算税の減免（通65⑤⑥）

　上記（1）に該当する場合であっても、次のいずれかに該当する場合には、原則として過少申告加算税は課されないこととされています（通65⑤⑥）。

　①　正当な理由がある場合等の非課税

　　イ　修正申告又は更正に基づく納付すべき税額の計算の基礎となった事実のうちに、その修正申告又は更正前の税額（還付金の額相当

税額を含む。）の計算の基礎とされていなかったことについて正当な理由^(注)があると認められるものがある場合において、その正当な理由があると認められる事実に基づく部分（通65⑤一）

ロ　修正申告又は更正前に、その修正申告又は更正に係る国税について期限内申告書の提出により納付すべき税額の減額更正等（更正の請求に基づく更正を除く。）があった場合には、その期限内申告書に係る税額（還付金の額に相当する税額を含む。）に達するまでの部分（通65⑤二）。

注　1　過少申告加算税の性質

過少申告加算税は、当初から適法に申告し納税した納税者との間の客観的不公平の実質的な是正を図るとともに、過少申告による納税義務違反の発生を防止し、適正な申告納税の実現を図り、もって納税の実を挙げようとする行政上の措置であり、主観的な責任の追及という意味での制裁的な要素は重加算税に比して少ないものである。そして、この過少申告加算税の趣旨に照らせば、国税通則法65条4項（現行65条5項一号）にいう「正当な理由があると認められる」場合とは，真に納税者の責めに帰することのできない客観的な事情があり、上記のような過少申告加算税の趣旨に照らしても、なお、納税者に過少申告加算税を賦課することが不当又は酷になる場合をいうものと解するのが相当である（最高裁一小、平成18年4月20日判決、判例時報1939号12頁、最高裁三小、平成18年4月25日判決、判例時報同号17頁）。

2　正当な理由

法律の不知又は誤解に基づき、無申告であった場合若しくは期限後申告があった場合（大阪地判、昭和33年11月17日判決、昭33（行）45号）又は納税者の主観だけで欠損と思って無申告であった場合（東京地判、昭和34年5月13日判決、昭29（行）13号）は、正当な理由とはなりません。

3　国外財産調書、財産債務調書の提出があった場合における加算税の5％軽減

平成24年の国外財産調書制度の創設及び平成27年の財産債務調書の見直しに伴い、これらの書類が提出された場合における加算税については5％軽減されます（173頁参照）。

② 修正申告書の提出が、その申告に係る国税についての調査があったことにより当該国税について更正があるべきことを予知してされたものでないとき^(注)（通65⑥）。

<blockquote>

注　この時期がいつの時点なのかについては①調査着手時説、②端緒発見時説、③更正予測可能時説などがあります。ちなみに、裁判では②の考え方が採用されている例が多いようです。例えば、次のような判決があります。

「国税通則法65条5項（現行65条6項）等にいう『修正申告書の提出が、更正があるべきことを予知してされたものでないとき』に当たるというためには、『税務署員が調査に着手して申告が不適正であることを発見するに足るかあるいはその端緒となる資料を発見し、これによりその後調査が進行し先の申告が不適正で申告漏れの存することが発覚し更正に至るであろうことが客観的に相当程度の確実性をもって認められる段階に達した後に、納税者がやがて更正に至るべきことを認識したうえで修正申告を決意し修正申告書を提出したものでないこと、すなわち右事実を認識する以前に自ら進んで修正申告を確定的に決意して修正申告書を提出する。』ことが必要である。」（東京高裁、昭和56年7月16日判決、行裁例集3巻7号1038頁）。
</blockquote>

ただし、平成28年度の税制改正により、調査対象税目、調整対象期間等の一定の事項の通知（いわゆる「事前通知」）以後からその調査があったことにより更正又は決定があるべきことを予知する前になされた修正申告に基づく過少申告加算税の割合は5％（期限内申告税額と

50万円のいずれか多い額を超える部分は10%）となっています（通65①かっこ書、②）。

具体的には次のようなイメージです。

（図15）

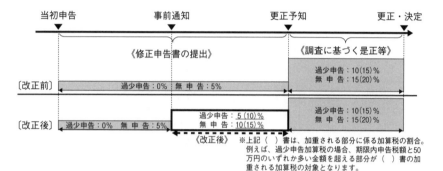

2 無申告加算税（通66）

（1）原則（通66①）

　無申告加算税は、①申告期限までに納税申告書を提出することなく期限後申告書の提出又は決定があった場合と、②期限後申告書の提出又は決定があった後に修正申告書の提出又は更正があった場合に課されます。そして、その率は、申告、決定又は更正に基づき納付すべき税額の15％の割合とされています（通66①）。

（2）無申告加算税の加重（通66②）

　高額な無申告に対する加重

　納付すべき税額が50万円を超える部分については、その割合が5％加重されます。その結果、当該超過部分に対する無申告加算税の割合は20％となります（通66②）。

さらに、令和５年度の改正で、300万円超部分に対する無申告加算税
の割合は30％に引き上げられています。ただし、300万円超は、納税者
の責めに帰すべき事由がないと認められる事実に基づく税額を控除して
判定されます。

　具体的には次のようなイメージです。

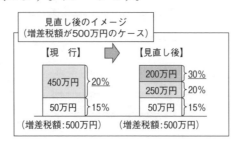

　また、平成28年度の改正で、過去５年以内に無申告加算税又は重加算
税を課された者が同一の税目について無申告であった場合には無申告加
算税が10％加重（15％部分→25％、20％部分→30％）されることになりまし
た（通66⑥一）。

　令和４年度の改正で、過少申告加算税において導入された帳簿等不提
示又は記載不備に係る10％又は５％の加重措置と同様の加重措置が無申
告加算税においても導入されています（通66⑤）。

さらに、令和5年度の改正で、繰り返し行われる悪質な無申告行為を未然に抑止し、自主的に申告を促し、納税コンプライアンスを高める観点から、前年度及び前々年度の国税について、無申告加算税又は無申告重加算税を課される者が行う更なる無申告行為に対して課される無申告加算税又は無申告重加算税を10％加重する措置が整備されています（通66⑥二）。

具体的には次のようなイメージです。

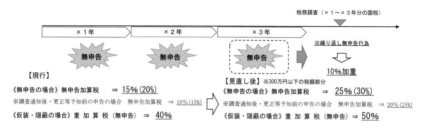

〔資料出所：財務省「令和5年度税制改正パンフレット」13頁より抜すい〕

（3）無申告加算税が課されない場合（通66①ただし書、⑨）

無申告加算税は、期限内申告書の提出がなかったことについて正当な理由がある場合には課されません（通66①ただし書）。また、調査があったことにより決定があるべきことを予知して提出されたものでない期限後申告で、その申告書が法定申告期限から1月以内に提出され、かつ、その申告書に係る納付すべき税額の全部が法定納期限までに納付されている等の場合においても無申告加算税は課されません（通66⑨）^{（注）}。

ただし、これらの場合過少申告加算税の対象に含まれます（通65①かっこ書）。

> [注] ちなみに、無申告加算税に係る「正当な理由」がどのようなものをいうのかについては、次のような裁判例があります。

「当該課税期間内の消費税の全額に相当する金額を納付していたとしても、法定申告期限内に申告がなされていない場合、当該納付が通則法59条1項にいう予納として取り扱われたとしても、納税申告書の提出を失念していたのであるから、同法66条1項ただし書きにいう正当な理由には当たらない。」（大阪地裁、平成17年9月16日判決、平成16（行ウ）107号）

　また、「相続人の一部が入院した等により遺産分割の協議ができなかったことは、本条1項ただし書の正当事由に当たらない。」（大阪地裁、昭和50年10月22日判決、税資83号140頁）とされた事例もあります。

　なお、期限後申告書の提出又は決定があった後に修正申告又は更正があった場合において、その納付すべき税額の計算の基礎となった事実のうちにその修正申告又は更正前の税額（還付金の額相当税額を含む。）の計算の基礎とされていなかったことについて正当な理由があると認められるものがあるとき、又は減額更正後の増額更正等があった場合には、無申告加算税の計算の基礎となる納付すべき税額からその正当な理由があると認められる事実に基づいて修正申告又は更正があったものとした場合におけるその納付すべき税額を控除することとされています（通66⑦、65⑤、通令27）。

（4）課税割合の軽減（通66①⑥）

　期限後申告書又は修正申告書（期限後申告又は決定があった後に提出された修正申告書をいう。）の提出が、調査通知前で、かつ、その申告に係る国税についての調査があったことにより当該国税について更正又は決定があるべきことを予知してされたものでないときは、その申告に基づき納付すべき税額に係る無申告加算税の額は、その納付すべき税額に100分の5の割合を乗じて計算した金額に軽減されます（通66⑧）。

ただし、調査対象税目、調査対象期間等の一定の事項の通知以後、か
つ、その調査があったことにより更正又は決定があるべきことを予知す
る前になされた期限後申告に基づく無申告加算税の割合は10％（納付す
べき税額が50万円を超えるときは15％、300万円を超えるときは25％）となります
（通66①かっこ書、②、③かっこ書）。

3　不納付加算税（通67）

（1）原則（通67①）

　不納付加算税は、源泉徴収等による国税がその法定納期限までに完納
されなかった場合に源泉徴収義務者等に対して課されます。そしてその
割合は、納税の告知に係る税額又はその法定納期限後に納税告知を受け
ることなく納付された税額に、100分の10の割合を乗じて計算した金額
とされています（通67①本文）[注]。

> 注　不納付加算税については通則法制定以来この税率が維持されてい
> ます。

具体的には次のような式で計算されます。

不納付加算税の計算式

○通常の場合

納付税額又は納税の告知に係る税額 × 10％ ＝ 納付すべき加算税の額
（１万円未満端数切捨て）　　　　　　　　　（5,000円未満の場合、全
　　　　（通118③）　　　　　　　　　　　　額切捨て）（通119④）

○調査による納税の告知の予知なしの納付の場合

納　付　税　額　　　　　× 5％ ＝ 納付すべき加算税の額
（１万円未満端数切捨て）　　　　　　　　　（5,000円未満の場合、全
　　　　（通118③）　　　　　　　　　　　　額切捨て）（通119④）

〔資料出所：国税庁税務大学校講本「国税通則法」（令和５年度版）36頁〕

（２）不納付加算税が徴収されない場合（通67①ただし書、67③）

　不納付加算税は、納税の告知又は納付に係る国税を法定納期限までに納付しなかったことについて正当な理由があると認められる場合には徴収されません（通67①ただし書）。

　また、調査があったことにより納税の告知があるべきことを予知して納付されたものでない法定納期限後に納付された源泉徴収等による国税に係る不納付加算税について、法定納期限から１月以内に納付され、かつ、その納付前１年間法定納期限後に納付されたことがない等の法定納期限までに納付する意思があったと認められる一定の場合にも、不納付加算税は課されません（通67③）(注)。

> 注　例えば、源泉徴収義務者が、受給者の提出した「扶養控除等申告書」に特に不審な点がない場合に、これに基づいて納付税額を算出している限り、後日不足額について納税告知を受けたとしても、「正当な理由」があるので不納付加算税は徴収されないとの判決があります（神戸地裁、平成２年５月16日判決、昭和62年（行ウ）11号、税資176号785頁）。

（3）徴収割合の軽減（通67②）

　源泉徴収等による国税が納税の告知を受けることなくその法定納期限後に納付された場合に、その納付が、当該国税についての調査があったことにより、納税の告知があるべきことを予知してされたものでないときは、不納付加算税の額は、その納付された税額に100分の5の割合を乗じて計算した額に軽減されます（通67②）。

4　重加算税

（1）申告納税方式による国税に係る重加算税（通68）

イ　過少申告加算税が課される場合における重加算税（通68①）

　　過少申告加算税が課される場合において、納税者がその国税の課税標準等又は税額等の基礎となるべき事実の全部若しくは一部を隠蔽し又は仮装し、その隠蔽し又は仮装したところに基づき納税申告書を提出したときは、過少申告加算税に代えて、過少申告加算税の額の計算の基礎となる税額に100分の35の割合を乗じて計算した金額に相当する重加算税が課されます（通68①）。この場合、当該計算の基礎となる税額にその計算の基礎となる事実で隠蔽し又は仮装されていないものに基づくことが明らかなもの（以下「隠蔽等されない事実に基づくもの」という。）があるときは、当該税額から、当該隠蔽等されない事実に基づくもののみに基づいて修正申告又は更正があったものとして計算した納付すべき税額が控除されます（通68①かっこ書、通令28①）(注)。

　　令和6年度の税制改正で、更正の請求において架空の領収書等の作成といった仮装・隠蔽が行われている事例が把握され、このような事例に対応していく必要があることから、隠蔽し、又は仮装され

た事実に基づき更正請求書を提出していた場合を加えることとされました。令和7年1月1日以後に法定申告期限等が到来する国税について適用されます。

注　なお、いかなる行為が隠蔽、仮装に当たるのかについては、次のような裁判例があります。

① 和歌山地裁、昭和50年6月23日判決、昭和45年（行ウ）9号、税資82号70頁

「本条にいう事実を隠ぺいするとは、事実を隠匿しあるいは脱漏することを、事実を仮装するとは、所得、財産あるいは取引上の名義を装う等事実を歪曲することをいい、いずれも行為の意味を認識しながら故意に行うことを要する。」（下線部分筆者強調）
（同旨判決：名古屋地裁、昭和55年10月13日判決、昭和51年（行ウ）30号、同52年（行ウ）9号、税資115号31頁）

② 最高裁（二小）、平成7年4月28日判決、判例時報1529号53頁

「顧問税理士からの照会に対し再三虚偽の答弁をして株式売買に係る所得を秘匿していた場合、かかる行為は隠ぺい、仮装行為に該当する。」
本件は刑事事件で表面化したものです。

③ 最高裁第二小、平成6年11月22日判決、民集48巻7号1379頁

「真実の所得の調査解明に困難が伴う状況を利用し、真実の所得金額を隠ぺいしようという確定的な意図の下に、必要に応じ事後的にも隠ぺいのための具体的工作を行うことも予定しつつ、前記会計帳簿類から明らかに算出し得る所得金額の大部分を脱漏し、所得金額を殊更過少に記載した内容虚偽の確定申告書を提出したことが明らか」とされ、いわゆる「つまみ申告」も、隠蔽に該当すると判示されています。

④ 最高裁三小、平成18年4月25日判決、平成16年（行ヒ）86号、民集60巻4号1728頁

「納税申告手続を委任された税理士が納税者に無断で隠ぺい、仮装行為をした場合において、納税者が同税理士を信頼して適正な申告を依頼し、納税資金を添付していたにもかかわらず、税理士がこれらを着服していた場合において、納税者が税理士の言葉を安易に信じていたこと等の落ち度があったとしても、税理士の行為を納税者本人の行為として同視することはできず、重加算税賦課の要件を満たすものということはできない。」
（同旨判決：最高裁一小、平成18年4月20日判決、平成17年（行

ヒ）9号、民集60巻4号1611頁）

⑤　大阪高裁、平成9年2月25日判決、平成6年（行コ）60～62号、税資222号568頁

　　「納税者から納税手続を委ねられた者が復代理人ないし履行補助者を使用し、それらの者が課税標準等又は税額等の基礎となる事実を隠ぺい又は仮装していた場合、その選任・監督について納税者に過失が無いと認められる場合を除き、重加算税の賦課要件を満たし、かつ、通則法70条5項にいう「偽りその他不正の行為」の要件を満たす。」

⑥　大裁（諸）平成26年7号

　　相続税に係る査察調査で収集された資料に基づいて行われた机上調査も「調査」に該当し、家族名義等の預貯金等が被相続人に帰属することが明らかなので、その資料に基づいてなされた調査が机上調査であったとしても、相続人に隠蔽又は仮装の事実があったとして重加算税の賦課決定処分が相当と認められた事例があります。

　なお、この過少申告加算税について、加重される過少申告加算税の金額があるとき（通65②）は、当該重加算税の額の計算の基礎となるべき税額に相当する金額を過少申告加算税の額の計算の基礎となるべき税額から控除して計算するものとした場合における過少申告加算税以外の部分の過少申告加算税に代えて、重加算税を課するものとされています（通令27の3）。

　具体的には、次の計算例を参照して下さい。

(表15) 重加算税と加重される過少申告加算税がある場合の計算例（通令27の2）

期限内申告税額　　　　60万円
更正による年税額　　300万円（うち、更正により納付することとなった税額240万円）

　　　　上記のうち、重加算税対象額　100万円
──通常の過少申告加算税　　　140,000円（140万円×10％）
──加重される過少申告加算税　40,000円（80万円×5％）
──重加算税　　　　　　　　　350,000円（100万円×35％）

《 加重加算税の計算式 》

通65①に規定する納付すべき税額Ⓐ	期限内申告税額（60万円）又は50万円のいずれか多い額	超える部分Ⓑ	重加対象税額控除後Ⓒ	ⒶとⒸのいずれか少ない額

　　240万円＞60万円……240－60＝180…180－100＝80→80万円×5％
計算順序
　　第Ⅰステップ──過少申告加算税の対象額総額
　　　　　　　　　　　　300万円　　　　　　　－　　　　60万円　　　　＝　240万円
　　　　　　　　　　（更正による税額）　　　（当初申告分）
　　第Ⅱステップ──そのうち重加算税適用対象金額100万円
　　第Ⅲステップ──過少対象金額のうち加重部分の金額を計算する
　　　　　　　　　　　　240万円　　－　60万円　＝　　180万円
　　　　　　　　　　（過少対象）　当初申告と同
　　　　　　　　　　　　　　　　　等額又は50万
　　　　　　　　　　　　　　　　　円のうちのい
　　　　　　　　　　　　　　　　　ずれか多い方
　　　　　　　　　　これから重加算税適用分を控除した残額が過少申告加算税の加重対象分
　　　　　　　　　　　　180万円　－　　100万円　＝　　80万円

ロ　無申告加算税が課される場合における重加算税（通68②）

　　無申告加算税が課される場合に、納税者が、その国税の課税標準等又は税額等の計算の基礎となるべき事実の全部若しくは一部を隠蔽し又は仮装し、その隠蔽し又は仮装したところに基づき法定申告期限までに納税申告書を提出せず又は法定申告期限後に納税申告書

を提出したときは、無申告加算税に代えて、無申告加算税の額の計算の基礎となる税額に100分の40の割合を乗じて計算した金額に相当する重加算税が課されます（通68②）。

令和6年度の税制改正で、隠蔽し、又は仮装された事実に基づき更正請求書を提出していた場合を加えることとされました。令和7年1月1日以後に法定申告期限等が到来する国税について適用されます。

ハ　消費税等　（通68⑤）

消費税を除く間接税（酒税、たばこ税、揮発油税、地方揮発油税、石油ガス税及び石油石炭税（通2三））には、重加算税は課されません（通68⑤）。

（2）重加算税の加重　（通68④）

平成28年度の税制改正で、期限後申告若しくは修正申告（更正予知によるものに限ります。）又は更正若しくは決定等（以下「期限後申告等」という。）があった場合において、その期限後申告等があった日の前日から起算して5年前の日までの間に、その期限後申告等に係る税目について重加算税又は無申告加算税を課され、又は徴収されたことがあるときは、その期限後申告等に基づき課する重加算税の割合（35％、40％）について、それぞれの割合に10％を上乗せ加算（35％部分→45％、40％部分→50％）することとされました（通68④一）。具体的には図16のようなイメージです。

令和5年度の税制改正で、3年間繰り返し行われる無申告行為に対する重加算税の加重措置が講じられ、更なる無申告行為に対して課される重加算税の割合を10％加重することとされ、40％が50％とされます（通68④二）。

（図16）短期間に繰り返して無申告又は仮装・隠蔽が行われた場合の加算税の加重措置

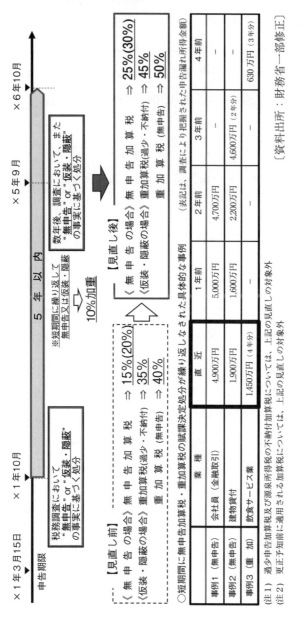

〇短期間に無申告加算税・重加算税の賦課決定処分が繰り返しなされた具体的な事例

（表記は、調査により把握された申告漏れ所得金額）

業　種	直　近	1年前	2年前	3年前	4年前
事例1（無申告）会社員（金融取引）	4,900万円	5,000万円	4,700万円	－	－
事例2（無申告）建物賃貸	1,900万円	1,600万円	2,200万円	4,600万円（2年分）	－
事例3（重 加）飲食サービス業	1,450万円（4年分）				630万円（3年分）

（注1）過少申告加算税及び源泉所得税の不納付加算税については、上記の見直しの対象外
（注2）更正予知前に適用される加算税については、上記の見直しの対象外

［資料出所：財務省一部修正］

（3）源泉徴収等による国税に係る重加算税（通68③）

　不納付加算税が課される場合において、納税者が事実の全部若しくは一部を隠蔽し又は仮装し、その隠蔽し又は仮装したところに基づき、その国税を法定納期限までに納付しなかったときは、不納付加算税に代えて、不納付加算税の額の計算の基礎となる税額に100分の35の割合を乗じて計算した金額に相当する重加算税が徴収されます（通68③）。

（図17）重加算税一覧表

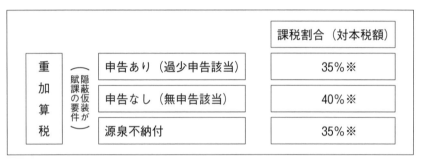

			課税割合（対本税額）
重加算税	（隠蔽・仮装の要件が賦課の要件）	申告あり（過少申告該当）	35％※
		申告なし（無申告該当）	40％※
		源泉不納付	35％※

※　なお、重加算税の加重要件に該当するときは、それらの割合に10％が加算されます。

> 注　重加算税の二重処罰性に関する議論について
> 　　重加算税は、課税の要件や負担の重さから、実質的に刑罰的色彩が強く、一部には罰則との関係上二重処罰の疑いがあるという論もあります。この点について、最高裁は次のように判示しています。
> 　　「重加算税は、申告納税を怠った者に対する制裁的意義を有することは否定し得ないが、脱税者の不正行為の反社会性ないし反道徳性に着目し、これに対する制裁として科される罰金とは、その性質を異にすると解すべきであり、それは、納税義務違反の発生を防止し、もって納税の実を挙げんとする趣旨に出た行政上の措置であるため、憲法39条の規定に違反していない。」（最高裁大法廷、昭和33年4月30日判決、民集12巻6号938頁）

5　過怠税（印紙税法で規定）

　過怠税は、印紙税に特有の制度で、印紙税を納付しなかったことによ

る本税の追徴と、他の加算税と同様に、課税権の侵害又は侵害を誘発するおそれのある行為に対する制裁の性格を併せもつ負担として、故意過失を問わず印紙不貼付又は印紙不消印について課されます。

　課税割合は印紙不貼付については、不貼付額又は不足額の３倍、印紙不消印にあっては、不消印印紙の額面相当額とされています。

（図18）過怠税のイメージ

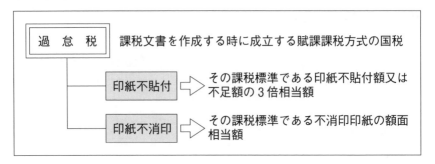

6　各種加算税の一覧表

　これまでにみてきた各種加算税の課税要件及び課税割合などを一覧表の形で示せば、次ページのようになります。

（表16）各種加算税の課税要件及び課税割合等一覧表

種　類 課税要件	課税割合 （増差本税に対する）		不適用又は課税割合の軽減	
	通常分	加重分	要件	不適用 軽　減
過少申告 加算税 （通65） ○　期限内申告書（還付請求申告書を含む。）が提出された場合において、修正申告書の提出又は更正があったとき ○　期限後申告書が提出された場合（期限内申告書の提出がなかったことについて正当な理由があるとき等）において、修正申告書の提出又は更正があったとき （通65①）	10% （通65①）	5％ ○　期限内申告税額相当額又は50万円のいずれか多い金額を超える部分がある場合（当該超える部分に課す。）（通65②） 5％又は10% ○　税務調査の際に行われる税務当局の質問検査権の行使に基づく帳簿の提示又は提出の要求に対し、帳簿の不提出等があった場合には、過少申告加算税が5％又は10%加算される。（通65④）	○　正当な理由がある場合（通65⑤一） ○　調査による更正の予知なしの修正申告の場合［調査通知前］（通65⑥） ○　減額更正後に修正申告書の提出又は更正があった場合（更正の請求に基づくものを除き、期限内申告書に係る税額に達するまでの税額）（通65⑤二）	不適用
	［5％］ ○　調査通知以後、調査による更正の予知なしの修正申告の場合 （通65①かっこ書）			
無申告 加算税 （通66） ○　期限後申告書の提出又は決定があった場合 ○　期限後申告書の提出又は決定があった後に、修正申告書の提出又は更正があった場合　（通66①）	15% （通66①）	5％ ○　50万円を超える部分がある場合（当該超える部分に課す。）（通66②） ただし、300万円を超える部分がある場合は30％が課される。（通66③） ［10%］ ○　調査による期限後申告等・決定等があった日の前日から起算して5年前の日までの間に、その国税に属する税目に調査による無申告加算税又は重加算税を課されたことがある場合（通66⑥一） ○　3年間繰り返し無申告行為が行われる場合（通66⑥二） 5％又は10% ○　税務調査の際に行われる税務当局の質問検査権の行使に基づく帳簿の提示又は提出の要求に対し、帳簿の不提出等があった場合には、無申告加算税が5％又は10%加算される。（通66⑤）	○　正当な理由がある場合（通66①ただし書、⑦） ○　期限内申告の意思があり、次のいずれにも該当する場合（通66⑨） ①調査による決定の予知なしの期限後申告書の提出 ②期限内申告書を提出する意思があったと認められる一定の場合（通令27の2①） ③法定申告期限から1月を経過する日までに期限後申告書を提出	不適用
	［10%］ ○　調査通知以後、調査による決定等の予知なしの期限後申告等の場合 （通66①かっこ書）	5％ ○　50万円を超える部分がある場合（当該超える部分に課す。）（通66②） ただし、300万円を超える部分がある場合は25％が課される。（通66③かっこ書）	調査による決定等の予知なしの期限後申告等の場合［調査通知前］（通66⑧）	5％

種　類 課税要件	課税割合 （増差本税に対する）		不適用又は課税割合の軽減	
	通常分	加重分	要件	不適用 軽　減
不納付 加算税 　　　　　（通67） ○ 源泉徴収等により納付すべき税額が法定納期限までに納付されなかった場合で、法定納期限後に納税の告知を受けたとき又は納税の告知を受ける前に納付したとき　　　　　（通67①）	10％ （通67①）		○　正当な理由がある場合 　（通67①ただし書） ○　期限内納付の意思があり、次のいずれにも該当する場合　　（通67③） ①調査による納税の告知なしの納付 ②法定納期限までに納付の意思があったと認められる一定の場合 　（通令27の2②） ③法定納期限から1月を経過する日までに納付	不適用
			調査による納税の告知の予知なしの納付の場合　　　（通67②）	5％
重加算税 　　　　　（通68） ○　次のいずれにも該当する場合 ①各加算税が課される要件に該当すること ②課税標準等又は税額等の計算の基礎となるべき事実を隠蔽又は仮装していたこと ③②に基づき、申告書を提出し、又は法定申告期限までに申告書を提出せず、又は法定納期限までに納付しなかったこと 　（通68①、②、③）	過少申告加算税に代えて課す場合	35％ （通68①）	［10％］ ○　調査による期限後申告等・決定等・納税の告知・納付があった日の前日から起算して5年前の日までの間に、その国税に属する税目に調査による無申告加算税又は重加算税を課され、又は徴収されたことがある場合 　　　　　（通68④一） ○　3年間繰り返し無申告行為が行われる場合 　　　　　（通68④二）	
	無申告加算税に代えて課す場合	40％ （通68②）		
	不納付加算税に代えて徴収する場合	35％ （通68③）		

〔資料出所：国税庁税務大学校講本「国税通則法」（令和5年版）32、33頁より抜すい一部加筆修正〕

7 通則法以外の法令による加算税の軽減・加重制度

（1）国外財産調書制度に関する過少申告加算税・無申告加算税の特例

平成24年に「国外財産調書制度」が創設されましたが、その適正な提出に向けたインセンティブ、あるいは適正な提出をしない者に対する制裁措置として、過少申告加算税及び無申告加算税に係る軽減措置・加重措置が設けられています（国外送金法６①、③）。

令和２年の改正では、国外財産調書に記載すべき国外財産に関する書類の提示又は提出がない場合の過少申告加算税及び無申告加算税の軽減措置及び加重措置の特例が設けられています（国外送金法６⑦一、二）。

国外財産調書制度に関する過少申告加算税・無申告加算税の特例（所得税・相続税）

国外財産調書	提出がある場合	提出等がない場合
過少申告加算税	５％軽減	５％加重
無申告加算税	５％軽減	５％加重
調書に記載すべき国外財産に関する書類の提示等がなかった場合	上記の５％軽減は適用なし。	上記の５％加重は10％加重となる。

（2）財産債務調書制度に関する過少申告加算税・無申告加算税の特例

平成27年に「財産債務調書制度」が創設されましたが、その適正な提出に向けたインセンティブあるいは適正な提出をしない者に対する制裁措置として、過少申告加算税及び無申告加算税に係る軽減措置・加重措置が設けられています（国外送金法６の３①、②）。

財産債務調書制度に関する過少申告加算税・無申告加算税の特例

財産債務調書	提出がある場合	提出等がない場合
過少申告加算税	５％軽減（所得税・相続税）	５％加重（所得税）
無申告加算税	５％軽減（　〃　）	５％加重（　〃　）

（3）電子帳簿保存法関係の加算税の特例

イ 「優良な電子帳簿」を普及促進するための過少申告加算税の軽減措置

信頼性の高い「優良な電子帳簿」の利用を促すためにインセンティブとして、この制度を利用した場合には過少申告加算税を5％軽減する措置が設けられています（電帳法8④）。

ロ スキャナ保存・電子取引に係るデータ保存制度の適正な保存を担保するための重加算税の加重措置

改ざんが容易で痕跡も残りにくいという電子データの特性に鑑み、不正行為を未然に抑止する観点から、スキャナ保存又は電子取引の取引情報に係る電磁的記録に記録された事項に関し課される重加算税については10％加重することとされています（電帳法8⑤）。

また、消費税についても、電磁的記録の適正な保存を担保するため、電子帳簿保存法と同様の重加算税の加重措置が導入されています（消59の2）。

5 納税緩和制度及び担保

〔ポイント〕

① 納期限の延長、延納などの納税緩和制度

② 納税の猶予

③ 国税の担保

④ 納付委託

第1節　納税緩和制度の概要

1　納税緩和制度の意義

　国税債権として納付すべき税額が確定すると、納税者は、その確定した国税を納期限までに納付し、納税義務を消滅させることが要求されることになります。

　しかし、国税の性質及び納税者の個別事情により納付を強制することが適当でない場合には、一定の要件に基づき、納期限の徒過によって生ずる督促以後の強制的な徴収手続を緩和して、納税者の保護を図る措置が採られています。一般に「納税緩和制度」と呼ばれているのがこの制度です。

一定の要件に該当する場合は納税の猶予等が受けられます。

2 納税緩和制度の種類

　納税緩和制度には、①納期限の延長、②延納、③納税の猶予、④換価の猶予、⑤滞納処分の停止、⑥徴収の猶予、源泉徴収の猶予等があります。

（図19）納税緩和制度一覧表

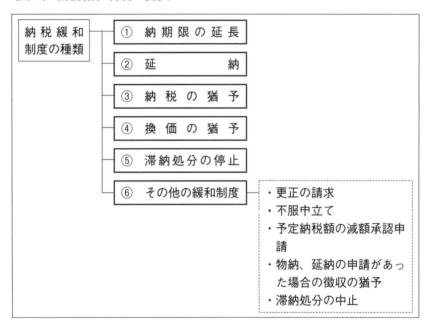

（1）納期限の延長（通11、各税法）

　「納期限の延長」ができるのは、次のような場合です。

イ　消費税等に係る納期限の延長（消費税関係各税法で規定）

　消費税を除く間接税においては、特殊な場合を除き、課税物品が製造場から移出された時に納税義務が成立し、その時の翌月末日までに申告納付するという課税形態が採られています。しかし、課税物品の

代金回収がこの納付の期限までに行われるとは限らないことも考慮して、担保の提供を条件として納期限を延長することができることとされています（酒30の6、消51、揮13、地揮8、石18、油20、た22）^(注)。

> 注　ただし、消費税については、輸入品の引取以外担保の提供を条件とする納期限の延長制度は設けられていませんので注意して下さい。

ロ　災害等における納期限延長（通11）

災害その他やむを得ない理由により、各税法に基づく申告、申請、請求、届出その他書類の提出、納付又は徴収に関する期限までに、その書類の提出や納付ができない場合には、その理由がやんだ日から2月以内に限り、これらの期限を延長することができることとされています（通11）。この延長をする必要が生じた場合には、その理由が都道府県の全部又は一部にわたるときは、国税庁長官が職権で地域及び期日を指定（地域指定）、災害等の理由により期限までに特定の税目の申告等を行うことができないと認められる者が多数に上ると国税庁長官が認める場合には、対象者の範囲や期日を指定し（最近の事例として新型コロナウィルス感染症による期限延長）（対象者指定）、また、その理由が個別の納税者にあるときは、納税者の申請により、税務署長などが納税者ごとに期日を指定し（個別指定）、期限を延長することとされています（通令3）^(注)。

> 注　なお、ここでいう、「災害その他やむを得ない理由」とは、納付又は徴収等に関する行為の不能に直接因果関係を有する災害などの事実をいい、その事実に基因して資金不足を生じたため、納付ができない場合は含まれません（通基通11-1）。

（2）延納（各税法で規定）

延納ができるのは、次のような場合です。

イ　所得税（所131、132）

（イ）　確定申告期限内に申告書を提出し、その法定納期限までに一定の額（2分の1）以上の額を納付するとともに延納届出書を提出した場合に限り、その残余について、その年の5月31日まで（所131①②）。

（ロ）　山林所得又は譲渡所得の基因となる資産の延払条件付譲渡をした場合で、かつ、一定の要件を満たすときに、担保提供により、5年以内の延納（所132①②）。

ロ　相続税及び贈与税（相38①③、措70の10①）

納期限までに金銭で納付することが困難な場合に限り担保提供を条件に、5年又は20年以内の年賦延納（相38①③、措70の10①）。

（3）納税の猶予（通46）

災害、病気、事業の廃止などがあった場合又は納付すべき税額の確定が遅延した場合においては、納付困難な金額を限度として納税を猶予することができます（通46①～③）。

（4）換価の猶予（徴151、151の2）

滞納者について、その財産の換価を直ちにすることにより、その事業の継続若しくは生活の維持を困難にするおそれがあるとき又は徴収上有利であるときには、その換価を猶予することができます（徴151①、151の2①）。

（5）滞納処分の停止（徴153①）

滞納者について、滞納処分を執行することにより、その生活を著しく

窮迫させるおそれがあると認められるときなどは、滞納処分の執行を停止することができます（徴153①）。

（6）その他の緩和制度（通23⑤ほか）

上記のほか、更正の請求、不服申立て、予定納税額の減額承認申請、物納又は延納の申請があった場合における徴収の猶予、滞納処分の停止などの制度が設けられています（通23⑤、105②、所118、133⑤、相40①、42㉜、行訴25②、更37②、67、122①、措70の4、70の6）。

3 納税の猶予と滞納処分手続上の緩和制度との相違

「納税緩和制度」は、いずれも納税者の個別的な事情に応じて徴収手続を緩和するものです。しかし、その性格、手続、効果などについては、制度の相互間にかなりの差異がみられます。その主な相違点は次のとおりです。

① 「換価の猶予」と「滞納処分の停止」は、滞納処分手続が既に進行していることを前提としているのに対し、「納税の猶予」は必ずしもこの前提を要せず、滞納処分の着手前においても行われます。

　また、申請による「換価の猶予」も認められています（徴151の2）。

② 「納税の猶予」は、「納税者の申請」を必要とするのに対し、「換価の猶予」と「滞納処分の停止」は、税務署長の職権によって行われます。この差異は、前者は納税者の申請を待たなければ猶予すべきであるかどうかを知ることができないのに対し、後者は、滞納処分を進めているので執行機関が十分に要件事実の判定ができるためです。

③ 「納税の猶予」は、その後の強制履行手続を猶予するものであり、「換価の猶予」は、滞納処分による差押えまでを行い、その後の換価を猶予するのが原則です。「滞納処分の停止」は、その停止の状態が原則として3年間継続したときは、納税義務そのものが消滅します。

④ 各税に共通する納税緩和制度のうち、換価の猶予及び滞納処分の停止は、本来、滞納処分手続の段階で行われるため、国税徴収法で規定されています。そのため、国税通則法では納期限の延長及び納税の猶予などについて規定されています。

（表17）主な納税緩和制度の一覧表

種類	対象税目	要件	申請の要否	緩和期間	担保	根拠条項	利子税・延滞税
納期限等の延長	すべての国税	災害などを受けた場合	否	2月以内	否	通11	延滞税及び利子税全額免除
	消費税等	期限内申告書を提出した場合	要	税目により1月ないし3月以内	要	消51等	延滞税全額免除
	法人税等	災害を受けた場合 定時総会が招集されない場合	要	1月以内 1月又は2月以内	否	法75、75の2、消45の2	利子税 年7.3%
延納	所得税	確定申告期限までに2分の1以上の納付	要	3月16日から5月31日	否	所131①	利子税 年7.3%
		延払条件付譲渡の税額（山林・譲渡）が2分の1を超え、かつ、30万円を超える場合	要	5年以内	要	所132①	
	相続税	相続税額が10万円を超え、金銭納付が困難な場合	要	5年又は財産の種類により10年・15年・20年	要	相38① 措70の8の2① 70の10①	利子税 原則：年6.6% 特例：財産の種類により 年1.2%〜6.0%
		農地等に係る納税猶予の場合	要	相続人の死亡の日・20年・転用等の日から2月以内のいずれか早い日	要	措70の6①	
	贈与税	贈与税額が10万円を超え、金銭納付が困難な場合	要	5年以内	要	相38③	利子税 年6.6%
		農地等に係る納税猶予の場合	要	贈与者の死亡の日・転用等の日から2月以内のいずれか早い日	要	措70の4①	
納税の猶予	全ての国税	災害による相当な損失の場合	要	1年以内	否	通46①	延滞税全額免除
		災害・疾病・廃業等の場合	要	1年以内（1年の延長可能）	要	通46②	延滞税全額免除 又は1/2免除
		課税が遅延延長した場合	要	1年以内（1年の延長可能）	要	通46③	延滞税1/2免除
徴収の猶予・滞納処分の続行の停止	不服申立て等の国税	再調査審理庁又は国税不服審判所長が必要と認めた場合	要	決定又は裁決までの間	否	通105②⑥	延滞税1/2免除
換価の猶予	納付中の国税	事業の継続又は生活の維持が困難な場合	否	1年以内 1年の延長可能	要	徴151①	延滞税1/2免除
		一時納付が事業継続又は生活維持を困難にするおそれがある場合	要	1年以内（1年の延長可能）	要	徴151の2①	延滞税1/2免除
滞納処分の停止	納付中のすべての国税	無財産・生活が著しく困難・財産がともに不明の場合	否	3年	否	徴153①	延滞税全額免除

【資料出所：国税庁税務大学校講本「国税通則法」（令和5年度版）72頁】

第2節 納税の猶予（通46）

災害などにより財産に相当の損失を受けたときは、税務署長に申請をすることによって納税の猶予を受けることができることとされています。

① 損失を受けた日に納期限が到来していない国税

〈イ〉 損失を受けた日以後1年以内に納付すべき国税	納期限から1年以内に納税
〈ロ〉 所得税の予定納税や法人税・消費税の中間申告分	確定申告書の提出期限までに納税

注 〈イ〉〈ロ〉とも災害のやんだ日から2か月以内に申請することが必要です。

なお、〈イ〉については延長も認められています（ただし、最大で2年以内）。

② 既に納期限の到来している国税

一時に納付することができないと認められる国税	原則として1年以内に納税

納税の猶予には、「災害により相当な損失を受けた場合の納税の猶予」と「通常の納税の猶予」とがあります。

1 災害により相当な損失を受けた場合の納税の猶予（通46①）

（1）猶予の要件

災害により相当な損失を受けた場合には、納税の猶予を受けることができます。現在、災害による納税の猶予が認められているのは、次のような場合です（通46）。

イ　震災、風水害、落雷、火災などの災害により、納税者が全資産の
　　おおむね20パーセント以上の損失を受けたこと（通46①）。

ロ　猶予の対象となる国税は、次に掲げるような国税であること。

　①　災害のやんだ日以前に納税義務の成立した国税（消費税及び政令
　　で定めるものを除く。）で、その納期限が損失を受けた日以後１年以
　　内に到来するもののうち、納税の猶予の申請の日以前に納付すべ
　　き税額が確定したもの（通46①一）^{（注）}。

> 注　1　災害前にその納税義務が成立しているという要件は、災害
> 　　　後に成立する国税には、当然災害による損失が反映されてい
> 　　　るためです。
> 　　　　（例）　災害後に移出される酒類は、その出荷量が減少して
> 　　　　いるであろうし、被害を受けた相続財産の価額は控除され
> 　　　　て税額が確定します（災6）。
> 　　2　納期限が災害の後でなければならないとする要件は、納期
> 　　　限内に納税をした者との権衡を図るためです。災害前に納期
> 　　　限の到来している国税は、本来その納期限までに納付するこ
> 　　　とが制度の建前であり、これを徒過して履行遅滞の状態のと
> 　　　きに、災害を受け納付困難となった場合には、次で述べる通
> 　　　常の納税の猶予が適用されます。
> 　　3　納税の猶予を申請する時までに税額が確定しているとの要
> 　　　件は、申請の性格上、当然納付すべき税額が確定していない
> 　　　とできないからです。

　②　災害のやんだ日以前に課税期間が経過した課税資産の譲渡等に
　　係る消費税でその納期限が損失を受けた日以後に到来するものの
　　うち、納税の猶予の申請の日以前に納付すべき税額が確定したも
　　の（通46①二）^{（注）}。

> 注　災害前にその課税期間が経過しているという要件は、①と同
> 　　様、災害に伴う売上の減少、災害を受けた資産の再調達に伴う
> 　　仕入れ控除の増加等、申告額に災害による損失が反映されるた
> 　　めです。

　③　予定納税の所得税並びに中間申告の法人税及び消費税で、その

納期限が未到来のもの（通46①三）^(注)。

> 注　災害を受けた年分又は事業年度分の所得税、法人税及び消費税は、災害により納付すべき税額がなくなるか、又は前年度に比べてその税額が著しく減少するはずですが、予定納税等の税額は前年又は前事業年度の税額を基準として算定されるため、災害の結果が反映されていないのが通常です。そこで予定納税等の税額を確定申告期限まで猶予し、確定申告で一挙に調整を図り、それ以前に無用な納税を要求しないこととしているものです。

ハ　納税者から災害のやんだ日から2月以内に納税の猶予申請書の提出があること（通46①、通令15①）。

（図20） 納税の猶予に関するイメージ（申告所得税の場合）

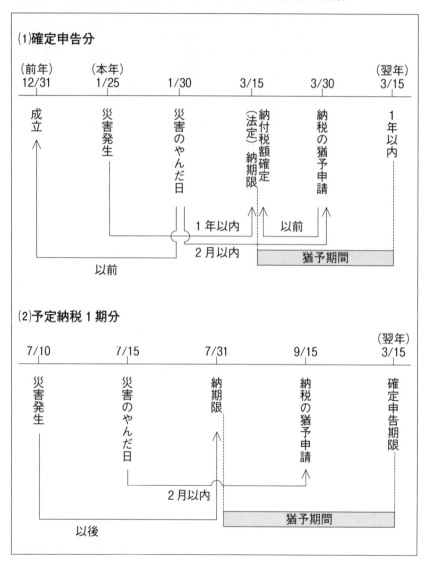

(1)確定申告分

（前年） （本年） （翌年）
12/31　　1/25　　　　1/30　　　　3/15　　　　3/30　　　　3/15

成立　　災害発生　　災害のやんだ日　　納付税額確定（法定）納期限　　納税の猶予申請　　1年以内

1年以内
2月以内
以前
以前
猶予期間

(2)予定納税1期分

（翌年）
7/10　　　　7/15　　　　7/31　　　　9/15　　　　3/15

災害発生　　災害のやんだ日　　納期限　　納税の猶予申請　　確定申告期限

2月以内
以後
猶予期間

（２）猶予する金額

　税務署長は、災害による相当な損失の事実があり、猶予の対象となる

—186—

国税であるときは、納税者の申請した税額の全部又は一部について納税の猶予をすることができます（通46①）。

（3）猶予する期間

　納税の猶予ができる期間は、納税者の納付能力を調査することなく、災害のあった財産の損失の状況及び財産の種類を勘案して、次のように1年以内の期間を定めています（通令13①）。

　　　○　災害により損失を受けた財産の割合が、納税者の全資産の

　　　　　50パーセントを超える場合‥‥‥‥‥‥‥‥‥‥‥‥‥‥‥‥1年

　　　　　20パーセントから50パーセントまでの場合‥‥（原則）8月

　猶予の対象となる国税が前記(1)ロ③の場合は、猶予期間の末日を無条件にその国税の確定申告期限とします（通令13②）。

　なお、この納税の猶予期間内に猶予した金額を納付できないと認められるときは、更に次で述べる通常の納税の猶予ができます（通46②）。

2　通常の納税猶予（通46②③）

（1）猶予の要件（通46②③）

　通常の場合における納税の猶予は、次のような場合に認められます。

　イ　次のような事実があること。

　　①　納税者の財産が災害（震災、風水害、落雷、火災、雪崩、がけ崩れ、地滑り、かんばつ、冷害、凍害、火山の爆発、ひょう害など）又は盗難に遭ったり（通46②一）、納税者又は納税者と生計を一にする親族^(注)が病気にかかり、又は負傷したこと（通46②二）。

　　注　納税者と同居していない親族でも、常に生活費、学資金、療養費などを送金して扶養している場合は、生計を一にする者とします。

② 納税者が事業を休廃業し、又はその事業について著しい損失を受けたこと（通46②三、四）。

③ 上記①②に類する事実があったこと（通46②五）。

④ 法定申告期限（課税標準申告書の提出を要しない賦課課税方式の国税は、納税義務成立の日）から１年以上経ってから納付すべき税額が確定したこと（通46③一、二）。

⑤ 源泉徴収等による国税について、法定納期限から１年以上経ってから納税の告知がされたこと（通46③三）。

ロ 上記イの要件事実のため、その納付すべき国税を一時に納付できないこと。

ハ 納税者は納税の猶予申請書を提出しなければならないこと。

なお、申請者は、前記イの①から③の要件事実によるものは、納期限の前後又は滞納処分の開始の有無を問わず、いつでも提出できますが、④と⑤の要件事実によるものは、その猶予の申請を受けようとする国税の納期限内に提出しなければなりません（通46③）。

（2）猶予する金額（通46②③）

上記(1)のイに掲げる要件事実がある場合は、その事実により納付すべき税額を一時に納付できない金額を限度として納税の猶予を行います（通46②③）。この一時に納付できない金額は、納付能力を調査して判定します。

（3）猶予する期間（通46②〜④、⑦）

納税の猶予ができる期間は、原則として前記(1)イの①から③の要件事実については、猶予を始める日から起算して１年以内、また、要件事実

が④と⑤の場合は、その国税の納期限の翌日から1年以内です（通46②③）。

　個々の納税者に対する具体的な猶予期間は、将来における納付能力を調査した上、1年の範囲内で、納税者の事業の継続又は生活の維持に著しい障害を与えることなく、その猶予される金額が納付できると認められる最短の期間です。納税者の将来における納付能力に応じ、猶予金額を月別などに適宜分割して、それぞれの分割した金額ごとに猶予期間を定めることができます（通46④）。この猶予期間内に、やむを得ない理由により猶予金額を納付できないと認められるときは、納税者の申請により猶予期間を延長することができます。ただし、延長できる期間は、既に認めた猶予期間と併せて2年を超えることができません（通46⑦）。

　なお、税務署長は、納税の猶予を認めた場合には、その旨を納税者に通知しなければなりません（通47①）。また、認めないときも同様です（通47②）。

（4）猶予に伴う担保の提供（通46⑤）

　通常の納税の猶予をする場合には、猶予金額の納付を促進し、また、納付不履行の場合における徴収を確保するため、猶予金額が100万円以下の場合、その猶予の期間が3月以内である場合又は担保を徴取できない事情にある場合を除き、猶予金額に相当する担保を徴取しなければなりません（通46⑤）。

3　納税の猶予の効果（通48、63）

　納税の猶予が認められた場合、次のような効果が生じます。

（1）督促及び滞納処分の制限（通48①）

　猶予期間内は、その猶予した国税について、新たに督促及び滞納処分をすることができません（通48①）。ただし、納税者の財産に対して他の執行機関が強制換価手続をした場合には、配当が行われる時に備えて交付要求（参加差押えを除く。）をすることができることとされています（通48①かっこ書）。

（2）差押えの解除（通48②）

　納税の猶予をした国税について、既に差し押さえた財産があるときは、納税者の申請により差押えを解除することができます（通48②）。

（3）延滞税の免除

　イ　災害による相当な損失の場合の納税の猶予の場合……猶予期間に対応する延滞税を全額免除（通63①）

　ロ　通常の納税の猶予の場合……猶予期間に対応する延滞税は、全額（通46②一、二）又は年14.6％の割合に係るものの2分の1（通46②三、四、46③）を免除（通63①）

　　なお、2分の1が免除される場合において、免除対象の期間を含む年の猶予特例基準割合（平均貸付割合に0.5％の割合を加算した割合）が年7.3％に満たないときは、その免除対象の期間に対応する延滞税の額のうち、その延滞税の割合が猶予特例基準割合であるとした場合における延滞税の額を超える部分の金額が免除されます（措94

②)。つまり、猶予期間に対応する延滞税の額は、実質的な負担が猶予特例基準割合に軽減されることになります。

4 納税の猶予の取消し（通49）

（1）納税の猶予の取消し等の事由（通49①）

納税の猶予期間中において、猶予を受けた者に次の事由が生じたときは、税務署長はその猶予を取り消し又は猶予期間を短縮することができます（通49①）。

① 繰上請求をすべき事由（通38①）が生じた場合において、猶予期間内に完納できないと認められるとき。

② 分割納付による猶予の場合に、その分納額を納付期限内に納付しないこと（税務署長等がやむを得ない理由があると認めるときを除く）。

③ 税務署長の増担保の提供、担保の変更などの求めに応じないこと。

④ 新たに猶予を受けた国税以外の国税を滞納したこと（税務署長等がやむを得ない理由があると認めるときを除く）。

⑤ 偽りその他不正な手段による猶予又は猶予期間の延長の申請に基づいて猶予又は猶予期間の延長をしたことが判明したこと。

⑥ 猶予した金額を納付する見込みがなくなる程度に資力を喪失したり、逆に業況の好転により納付困難と認められる金額がなくなる程度に資力が回復するなど、猶予を継続することが適当でないこと。

（2）弁明の聴取（通49②）

上記(1)の②から⑥までの理由で納税の猶予を取り消す場合には、手続の慎重を期するため、あらかじめ、猶予を受けた者の弁明を聞かなければなりません（通49②）。ただし、正当な理由がなく弁明をしないときは、

弁明を聞かないで取り消すことができます。

（3）猶予の取消しに伴う手続（通49③）

猶予の効果が将来に向かってなくなるため、直ちに猶予した金額の徴収を行い、又は停止していた滞納処分を続行し、担保があるときは担保の処分を行います。

なお、税務署長は納税の猶予の取消し又は猶予期間の短縮をしたときは納税者に通知します（通49③）。

5 　まとめ

これまでにみてきたところを一覧表の形でまとめると次ページのようになります。

（表18）納税の猶予の概要一覧表

猶予の種類／区分	災害による納税の猶予	一般的な納税の猶予	
		災害等に基づく納税の猶予	確定手続等が遅延した場合の納税の猶予
根拠条項	通46①	通46②	通46③
要　件	1　災害により相当な損失を受けたこと 2　特定の国税（通46①各号、通令14）であること 3　災害のやんだ日から2月以内の申請	1　災害その他の事実があること 2　1の事実により納付困難であること 3　申請（期限なし） 4　左の猶予の適用を受ける場合を除く	1　課税遅延であったこと 2　納付困難であること 3　納期限内の申請
担　保	必要なし	原則として必要（通則法46⑤）	同左
猶予金額など	要件2の特定の国税の全部又は一部	1　要件2の納付困難な金額が限度（要件と関係あり） 2　分割納付できる（通46④）	1　同左（要件と関係なし） 2　同左
猶予期間	1　財産の損失の程度に応じた期間（納期限から1年以内） 2　延長の規定なし	1　納付能力に応じた期間（猶予の始期から1年以内） 2　延長は、1と併せて2年以内（通46⑦）	1　同左（納期限から1年以内） 2　同左
効果など	1　督促、滞納処分（交付要求を除く）の制限（通48①） 2　差押えの解除（通48②） 3　天然果実、第三債務者などから給付を受けたものの換価・充当（通48③④） 4　徴収権の消滅時効の不進行（通73④） 5　納付委託（通55①） 6　還付金などの充当日の特例（通令23①ただし書） 7　延滞税の全額免除（通63①）	1〜5　同左 6　規定なし 7　延滞税の免除は、要件1の事実により全額免除と半額免除（注）がある（通63①）。また、非免除部分について裁量免除ができる（通63③）。 （注）　猶予特例基準割合による延滞税の免除金額の特例（措94②）が設けられている。	1〜6　同左 7　延滞税の半額免除（注）、裁量免除は同左

（注）　令和4年1月1日以後において、免除対象の期間を含む年の猶予特例基準割合（平均貸付割合に0.5％の割合を加算した割合）が年7.3％に満たない場合には、当該免除対象期間であってその年に含まれる期間に対応する延滞税の額のうち、当該延滞税の割合が猶予特例基準割合であるとした場合における延滞税の額を超える部分の金額が免除される（措94②）。

〔資料出所：同前83頁〕

（表19） 延滞税の免除規定一覧表

（〇印の数字は、通則法63条の項数である。）

区分 種別	当然免除 全額	当然免除 半額	裁量免除 全額	裁量免除 半額	裁量免除 納付困難な金額
納税の猶予　通則法46条1項（災害による納税の猶予）	①				
同2項　一号　（災害などによる〃）	①				
同2項　二号　（病気などによる〃）	①				
同2項　三号（事業の廃止等による〃）			①		③
同2項　四号（事業の損失による〃）			①		③
同2項　五号（類する事実による〃）　一号、二号類似	①				
同2項　五号　三号、四号類似			①		③
同3項			①		③
その他　滞納処分の停止（徴153①）	①				
換価の猶予（徴151①、151の2①）			①		③
期限の延長（通11）		②			
徴収の猶予		④			
財産差押え又は担保の提供				⑤	
納付委託に伴うものなど			⑥		

注　通則法63条1項、4項及び5項については、猶予特例基準割合（令和2年12月31日以前の期間については特例基準割合）による延滞税の免除金額の特例（措法94②、旧措法94②）が設けられている。

〔資料出所：同前84頁〕

（表20） 災害減免法による所得税の軽減免除一覧表

合 計 所 得 金 額 の 区 分	軽 減 免 除 割 合
500万円以下の場合	本税を全額免除
500万円を超え750万円以下の場合	本税を半額軽減
750万円を超え1,000万円以下の場合	本税を2割5分軽減

第3節　国税の担保

1 担保を提供する場合（通46⑤、各税法）

国税について「担保」を徴取するのは、主として次の場合です。

① 通常の納税の猶予又は換価の猶予を認めた税額が100万円を超えるとき、猶予を認めた期間が3月を超えるとき及び措置法による贈与税と相続税の納税猶予を認めるとき（通46⑤、徴152、措70の4①、措70の6①）。

② 資産の延払条件付譲渡による所得税の延納及び相続税と贈与税の延納を許可するとき（所132②、相38④）。

③ 消費税等（課税資産の譲渡等に係る消費税を除く。）の納期限の延長を許可するとき（酒30の6、消51、揮13、地揮8①、油20、石18、た22）。

④ ③の消費税等及び航空機燃料税の保全上必要があると税務署長が認めるとき（酒31①、揮18①、地揮8②、油21①、石19①、航16①、た23①）。

⑤ 不服申立てをした者が、不服申立ての国税につき、差押えをしないこと、又は既にされた差押えの解除を求めるとき（通105③）。

⑥ 繰上保全差押え又は保全差押えを要する金額の決定通知を受けた者が、その保全差押えをしないこと、又は既にされた差押えの解除を求めるとき（通38④、徴159④）。

2 提供される担保の種類（通50）

国税に関する法律の規定により「提供される担保の種類」は、次のものに限られています（通50）。これ以外のもの、例えば、通常の動産は、担保とすることはできません。

① 国債、地方債及び税務署長が確実と認める社債その他の有価証券

② 土地

③ 登記又は登録のある建物、立木、船舶、飛行機、回転翼航空機、自動車及び建設機械で、損害保険が付いているもの

④ 鉄道財団、工場財団、鉱業財団などの各種財団

⑤ 銀行、信用金庫など税務署長が確実と認める保証人の保証

⑥ 金銭

3 担保の提供手続（通令16①～④）

　有価証券及び金銭を担保として提供するときは、これを供託して供託書の正本を税務署長に提出します。ただし、登録国債などは、担保権の登録を受け、担保権登録済通知書又は担保権登録内容証明書を提出します（通令16①）。

　登記、登録のできる土地、建物などを提供するときは、税務署長が抵当権の設定登記を関係機関に嘱託するので、抵当権を設定するのに必要な承諾書、印鑑証明書などの書類を税務署長に提出します（通令16③）。

　保証人の保証によるときは、保証書、印鑑証明書などの書類を提出します（通令16④）。

4 担保の処分手続（通52）

　担保の処分手続は、担保物の処分と保証人からの徴収に分かれます。

（1）担保物の処分

　担保が金銭であるときは、供託物払渡請求書に供託書正本及び還付を受ける権利があることを証する書面を添えて法務局供託課にその還付を

請求し、金銭にした後国税に充当します（通52①）。

　金銭以外の担保物の処分は、徴収法の定める手続により、督促をすることなく、直ちに差押処分以降の手続を行います。ただし、供託した有価証券については、まず、供託規則の定めにより還付を受けてから、換価手続又は債権取立ての手続により金銭化して国税に充当します。

　担保物を処分しても徴収すべき国税に不足すると認められる場合は、他の財産について滞納処分を行います。この場合は、督促状の発送を必要とします。

（2）保証人からの徴収（通52②、通令19）

　国税をその保証人から徴収するときは、納付通知書により、その通知書を発した日の翌日から起算して1月を経過する日を納期限と定めて、納付の請求をします（通52②、通令19）。保証人が納期限までに納付しないときは、納付催告書で納付を督促します（通52③）。この督促後10日を経過しても完納しない場合には、本来の納税者の財産に対し滞納処分をしても徴収すべき国税に不足すると認められるときに限り、保証人の財産に対し滞納処分を行うことができます（通52④）。

　なお、保証人の財産は、本来の納税者の財産を換価した後でなければ公売などの換価ができません（通52⑤）。

5 納付委託

（1）納付委託の意義（通55）

　国税は、金銭による納付を原則とし、いわゆる証券類による納付は、国債証券の利札などが特別の制限の下に許されているにすぎません。

　手形、先日付小切手は、経済界においては債務の決済手段として一般に用いられていますが、証券による国税の納付には使用できません。そこで、それらに代わり、国税の納付に関して活用できる手段として、「納付委託」の制度が設けられています。

　「納付委託」とは、納税者の提供する有価証券の取立てと、その取り立てた金銭による国税の納付を、徴収職員に委託することです。この制度によれば、納税者にとっては、再度納付手続を必要としない便益があり、他方、税務署長としても、国税を猶予する場合に納税者が金融機関との取引の停止処分を受けるのを恐れて、納付委託した手形などを不渡りとすることができないので、この担保的機能を利用して、納付不履行を未然に防ぐことができます。

（2）納付委託のできる国税（通55①）

　納付委託ができる国税は、次に掲げるものです（通55①）。

① 　納税の猶予又は滞納処分に関する猶予を行う国税

② 　納付委託をする有価証券の支払期日以後に納期限の到来する国税

③ 　滞納者に納税について誠実な意思があり、納付委託を受けることが国税の徴収上有利と認められる滞納国税

（図21）納付委託の手続一覧表

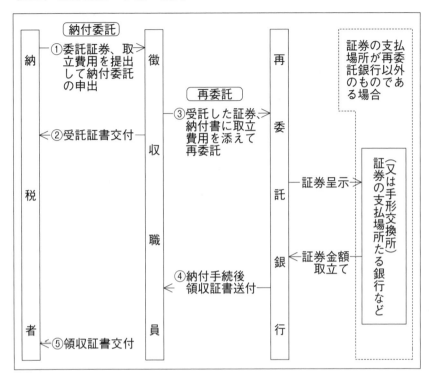

（3）納付委託に使用できる証券（通55①）

　納付委託に使用できる証券は、次の要件に該当するものです。

①　国税の納付に使用できる証券以外の有価証券であること（通55①）

②　おおむね6月以内において取立てが確実と認められる証券であること。

③　証券の金額が納付委託する国税の額を超えないこと。

　証券は、実務上、先日付小切手、約束手形及び為替手形に限られています。

（4）納付委託の手続（通55③）

　納税者から納付委託の申出があり、徴収職員が納付委託を認めたときは、証券を受領し、納付受託証書を納税者に交付します（通55②）。受託した証券は、その保管及び取立ての便宜と確実を図るため、日本銀行代理店又は歳入代理店を兼ねている金融機関に再委託しています。（通55③）^(注)。

> 注　　なお、平成19年度の税制改正で、納付税額30万円以下であることなど一定の要件を充足する場合には、コンビニ等を納付受託者とする納付も認められるようになっています（通34の3①）。
> 　　　さらに、平成28年の税制改正で、クレジットカードによる納付（ただし、1,000万円未満）も認められるようになり、令和3年の税制改正で、スマホアプリによる納付（ただし、30万円以下、税関長が課す国税の場合は100万円以下）も認められるようになっています。

（5）納付委託と担保（通55④）

　猶予した国税について、納付委託を受けたときは、一般的にはその証券が担保的機能を果たしていると認められます。そのため、改めて担保の提供は必要がないと認められる限度において、担保の提供があったものとすることができることとされています（通55④）。

6 国税の還付及び還付加算金

〔ポイント〕

① 還付金の種類

② 未納国税への充当

③ 還付加算金

④ 還付加算金の計算

　国税を納めすぎた場合等においては、納税者に対し、本来納付すべき
額との差額を還付金等の形で返還することになります。

1　還付金等の種類（通56、各税法）

　一般に、国税の還付には二つの種類があるといわれています。「還付
金の還付」と「過誤納金の還付」とがそれです。国税通則法では二つを
併せて還付金等と称しています（通56①）。

（1）還付金（通56、各税法）

　「還付金」とは、国税に関する法律（各税法）において、予定（中間）
的に納付することが義務づけられている税額が、後日確定した税額を超
えることとなった場合などに還付されるものです。ちなみに、還付金に
は、①予定納税額等が確定税額よりも多いために還付されるもの、②源
泉徴収が過大であったため還付されるもの、③損失繰戻し等による還付、
④租税負担適正化のために認められる還付、⑤政策的理由に基づくもの
などがあります。

　これを一覧表の形でまとめたものが次ページの表です。

（表21） 還付金一覧表

予定的な納税義務が確定したことに基づくもの	所得税の予定納税の還付金…所139①、160①② 法人税の中間納付額の還付金 ………………………………………法79①、134①② 消費税の中間納付額の還付金…消53①、55①②
税額を通算して計算するため認められるもの	所得税法における源泉徴収税額などの還付金 ………………………………………所138①、159①② 法人税法における所得税額の還付金 ……………法78①⑤、133①、135① 消費税法における消費税額の控除不足の還付金 ………………………………………消52①、54①
所得を通算して計算するため認められるもの	所得税法における純損失の繰戻しによる還付金 ………………………………………所140①、141①② 法人税法における欠損金の繰戻しによる還付金 ………………………………………法80①
租税負担の適正化を図るために認められるもの	酒税などの課税物件が戻し入れされたことなどによる還付金 …酒30④⑤、揮17③④、油15④⑤、地揮9①、石12③④、た16④ 災害を受けたことによる還付金 ………………………………災3②③、7④、8① 仮装経理に基づく過大申告の場合の還付金 ………………………………………法135②③⑦
主として政策的理由に基づいて認められるもの	たばこ税などの課税済物品の輸出などをした場合の還付金………………………………………た15①

（2）過誤納金

　還付金が各税法の定めに基づいて発生するのに対して、「過誤納金」は、法律上、国税として納付すべき原因がないのに納付されたものです。これらをそのまま放置しますと、国が一種の不当利得を得たことになります。したがって、これらを納税者に返還することは、不当利得に対する返還行為に該当するものです。

　ところで、これらの過誤納金はその発生原因に応じ、次の二つに分かれるのが一般的です。

イ　過納金

　「過納金」とは、納付時には納付すべき確定した国税があったにもかかわらず、更正の請求に基づく減額更正や不服審査の裁決などにより、後になってその納付すべき国税が消滅又は減額した結果、発生したものをいいます。

ロ　誤納金

　これに対し、「誤納金」とは、国税として納付されたにもかかわらず、それに対する国税債務がないような場合に発生します。このような事例が発生する場合としては、次のようなケースが考えられます。

　　①　納付すべき国税の確定前に納付があった場合

　　②　納付すべき税額は確定しているが、納期開始前に納付があった場合（これらの納付金で予納要件に該当するものを除く。）

　　③　確定した納付すべき税額を超えて納付があった場合

2 国税の還付（通56）

　還付金等があるときは、遅滞なく「金銭」で還付することとされています（通56①）。この場合、納付されたものが金銭でなく「印紙又は物納」などであっても、還付金等は納付された現物による還付ではなく、全て「金銭」で行われます。

　また、還付金等を受ける者は、原則として還付金の原因となった国税及び過誤納の国税を納付した者です。なお、この間に相続があった場合には、相続人がこの地位を引き継ぐこととして取り扱われています。

3 未納国税への充当（通57）

（1）充当の意義

　「充当」とは、還付金等が発生した場合に、その還付を受ける者について他に納付すべき確定した国税があるとき、すなわち、（国側の）還付金等を支払う義務と（納税者側の）国税を納付すべき義務とが併存している場合において、納税者の意思にかかわらず、発生した還付金等の還付をしないで、未納の国税に充てる行為です。この行為は、国税債権を消滅させる一つの行為として、民法の「相殺」と同様の効力があるとされています（通57①、民505）。ただし、厳密に言えば両者には差があります。すなわち、民法の「相殺」は、当事者の一方から他方に対する意思表示によって行われ、相殺を禁止する旨の特約があるときには相殺ができません。それに対し、未納の国税への「充当」は、強行規定によるものであるため、当事者の反対の意思表示は許されていません。

　また、「充当」を行うためには、還付金等と納付すべき国税とが同一の納税者（相続等により還付請求権者となったものを含む。）につき存在して

いる必要があります。

　したがって、例えば夫に対する還付金等を妻の未納税額に充当することは認められません。

　さらに、信託の受託者については、還付金等と納付すべき国税が同一の信託に係るものである場合又はその両者がいずれも信託に係るものでない場合に限り、充当が行われます（通57①かっこ書）。

（2）充当の効果及び充当適状（通令23①）

　充当が行われると、納付すべき国税と還付金等が対等額で消滅します。この際、充当をするのに適することとなった日を充当適状日といいますが、それは原則として、充当される国税の法定納期限と還付金等が発生した日とのいずれか遅い日です（通令23①）。

　なお、充当が、充当適状日より後で行われた場合には、納付すべき国税は充当適状日までさかのぼって消滅することになります（通57②）。

　ちなみに、充当適状日を一覧表の形にすると、次のようになります。

(表22) 充当適状日一覧表

区分	内 容	
原則	納付すべき国税の法定納期限と還付金等が生じた時とのいずれか遅い時（通令23①本文）	次に掲げる国税については、左記にかかわらず各々の期限と還付金等が生じた時とのいずれか遅い日
特例	次に掲げる国税については、それぞれ次に掲げる時と還付金等が生じた時とのいずれか遅い時 1　法定納期限後に納付すべき税額が確定した国税（過怠税を含み３を除く）（通令23①一四） 　(1)　申告があった時 　(2)　更正、決定通知書又は納税告知書を発した時 2　法定納期限前に繰上請求がされた国税（通令23①二） 　繰上請求期限 3　加算税（通令23①六） 　賦課決定通知書を発した時 4　保証人又は第二次納税義務者として納付すべき国税（通令23①七） 　納付通知書を発した時 5　滞納処分費（通令23①八） 　その生じた時	1　災害などによる納期限の延長があった国税（通11）……………延長期限 2　災害による相当な損失の場合の納税の猶予に係る国税（通46①）……………猶予期限 3　延納に係る国税（所131、132、相38）……………延納期限

（3）充当の手続（通57①③）

　還付金等を未納の国税に充当する場合、本税のほか延滞税又は利子税があるときは、まず本税に優先的に充当します（通57①）。また、納税者へは充当通知書が送達されます（通57③）。

4　還付金の所轄庁（通56①②）

　還付金等の処理事務も、原則としてその納税者を管轄する納税地の税務署長又は国税局長となります（通56①②）。

なお、還付金等（還付加算金を含む。）の発生後、還付を受けるべき納税者が納税地を異動した場合には、その事務は新しい納税地の税務署に引き継がれることになります。

5 還付金等の還付請求

　還付金又は過誤納金については、当局の行為によるもののほか、納税者からの還付請求によってもなされることがあります。

　それは、還付金又は過誤納金の法的性格が前者にあっては個別税法によって納税者等に特に付与された金銭交付請求権であり、後者にあっては不当利得の返還請求権と同旨の金銭交付請求権と考えられているためです。

　還付を受けるためには、純損失の繰戻しなどのように還付請求又は還付申告をしなければならないものと、源泉徴収による国税で徴収義務者が自主的に納税していた過誤納金につき納税者が過誤納の事実確認申請書を提出することが要件とされているものなどがあります。

　なお、還付請求権は、その請求ができる日から5年間（消費税に係る還付金については2年間）行使しないことによって消滅しますので注意が必要です（通74①、輸入品に対する内国消費税の徴収等に関する法律第20条（関税法14の3①））。

第2節　還付加算金

　既にみてきたように、国税の納付が所定の期限内に行われない場合（いわゆる納付遅延、滞納）には、延滞税が課されることになりますが、それとのバランスを考慮し、還付金等を還付し、又は充当する場合には、原則として、還付加算金が加算されます（通58）^(注)。この意味で、還付加算金は一種の利息に相当するものと考えられます。

　注　この場合、納税者の善意・悪意等は問題とされません。

1　還付加算金の計算

　還付加算金の割合は、還付金等に係る金額（又は充当額）につき年7.3％（又は特例基準割合）となっています。

　ちなみに、還付加算金の額は、次の算式により求められます。

（算式）

$$\left[\begin{array}{c}還付すべき\\金額\end{array}\right] \times \left[\dfrac{\substack{7.3パーセント※\\（又は還付加算金特例基準割合）}}{365日}\right] \times \left[\begin{array}{c}税法に定められた\\日から支払決定日\\又は充当日まで\end{array}\right] = \begin{array}{c}還付加算\\金の額\end{array}$$

　※　還付加算金についても、延滞税及び利子税の場合と同じく、計算の特例基準が設けられています。

　　ちなみに、令和4年1月1日以降の納付分については、年率0.9％となっています^(注)。

　注　還付金等について1円未満の端数があるときにのみ切捨てとなり

ますが、還付加算金については、計算の基礎となる還付金等のうち1万円未満の額を切り捨てた上で、支払われるべき還付加算金の額を計算し、その結果100円未満の端数が生じた場合には端数切捨てとなります（総額が1,000円に満たない場合には、その全額が切り捨てられます。）。

2 還付加算金の計算期間

　確定申告により過度に納付された税額については、たとえその後更正の請求によって還付がなされたとしても、原則として還付加算金は付さないこととされています。

　他方、法人税及び消費税の中間納付や所得税の予定納付額については中間納付の日の翌日から還付加算金が付されることとされていましたが、平成22年10月に会計検査院から問題点が指摘(注)されたことなどもあり、中間納付分の還付に係る還付加算金の計算対象期間の計算を、申告納税額の過誤納の場合と同様に、税務当局が還付金の発生を認識できない期間（次図のb−b'部分）を含めないことにするという形に改められました。

(図22) 更正に基づく還付金に係る還付加算金の計算期間の見直し

【例】法人税及び消費税の中間納付

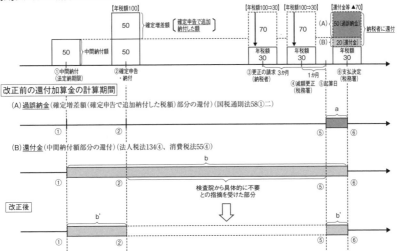

改正前の還付加算金の計算期間

(A)過誤納金(確定増差額(確定申告で追加納付した税額)部分の還付)(国税通則法58①二)

(B)還付金(中間納付額部分の還付)(法人税法134④、消費税法55④)

改正後

注　会計検査院意見表示「法人税及び消費税の更正に基づく還付金に
係る還付加算金について」(平成22年10月20日付財務大臣宛)
(抄)

2　本院の検査結果

「……確定申告後の更正に基づく中間納付額等の還付金に係る
還付加算金の計算期間については、申告納税額の過誤納金と同様
に、税務当局が還付金の発生を認識できないなどの期間を含めな
いことが公平性の見地から適切であると認められ、ひいては還付
加算金を節減することが可能であると認められる。……」

3　本院が表示する意見

「還付金等の支払額は今後も多額に上ることが見込まれ、これ
と合わせて支払われる還付加算金も多額に上ることが見込まれる
ことから、還付加算金の支払を公平なものとし、ひいてはその節
減を図ることが重要である。

ついては、貴省において、確定申告により確定した法人税及び
消費税が更正に基づき中間納付額等の還付金として還付される場
合における還付加算金の計算期間について、申告納税額の過誤納
金に係る還付加算金の計算期間との均衡を考慮した適切なものと
するよう意見を表示する。」

7 更正・決定・徴収などの期間制限

〔ポイント〕

① 期間制限の趣旨

② 除斥期間

③ 徴収権及び還付請求権の消滅時効

第1節　期間制限の概要

1　期間制限の趣旨

　更正、決定や徴収などといった、国の権限を期間に関係なく無制限で認めるということになりますと、法的安定が得られないばかりでなく、国税の画一的な執行も期し難くなります。そこで、このような事態を防止するため、「賦課権」及び「徴収権」などに関する「期間制限」が設けられています。その内容は、国税の賦課及び徴収の手続の大量性、反復性などの特殊な性格に基づき、画一的かつ速やかに処理すること及び国の一般の課徴金の時効が5年であること（会30）を考慮して、国税債権に関する期間制限を「賦課権」については5年若しくは7年又は10年（通70）、「徴収権」については5年（通72①）と定められています。また、納税者が納め過ぎた税金についての国に対する「還付請求権」も、徴収権と同様に5年の期間制限を定めています（通74①）。

2　期間制限の区分

　国税の期間制限は、更正、決定、賦課決定など賦課権に係る「除斥期間」と徴収権及び還付請求権の「消滅時効」に分けられます。

（1）賦課権の除斥期間

　「賦課権」は、税務署長が国税債権を確定させる処分、すなわち、更正、

決定及び賦課決定を行うことができる権利です。これらの賦課行為は、税務署長が納税義務を確定させる手続で、いわゆる準法律行為たる性格を持ち、一種の形成権と考えられています。

　一般に形成権については、およそ時効制度にはなじまないとされています。そこで、賦課権の期間制限には「除斥期間」という制度が採られています。

　「除斥期間」の主な特徴は、次の二つです。

① 　時効の完成猶予及び更新がない。

② 　権利の存続期間があらかじめ予定されていて、その期間の経過によって権利が絶対的に消滅し、当事者の援用を要しない。なお、除斥期間による権利の消滅は、遡及効がなく、将来に向かって消滅する。

　また、除斥期間には、5年、6年、7年、10年の四つがあります（詳細については第2節を参照して下さい。）

　ここで注意が必要なのは、賦課権の行使が除斥期間内の有効なものとなるためには、その期間の末日までに、更正、決定又は賦課決定の通知書が納税者に到達していなければならないということです（通70）。ここでは、いわゆる「到達主義」の考え方が採用されています。

　なお、源泉所得税など自動確定型の国税（通15③）については、賦課行為が存在しませんので、徴収権の消滅時効が働くにとどまり、除斥期間の問題は生じません。

（2）徴収権及び還付請求権の消滅時効

　「徴収権」は、すでに確定した国税債務の履行を求め、収納することができるという権利です。そして、この権利は、「国税の優先権」（徴8）

と「自力執行権」（徴47、82）が特別に認められている点を除けば、請求権として私法上の債権に極めて似た性格を持っています。そのため、私債権と同様に取り扱われるのが通例となっています。

　また、国税の徴収権及び納税者の国に対する還付請求権は、私債権と同様に時効制度が採用されています（通72①、74①）。

　ちなみに、徴収権及び還付請求権と私債権との消滅時効における違いは、次のようになります。

（表23）私債権と徴収権等の時効対比表

区　　　分	私債権の消滅時効	徴収権及び還付請求権の消滅時効
①　当事者による時効援用 ②　時効完成後における時効利益の放棄	必要（民145） 放棄することができる（民146）。	不要 　その利益を放棄することができない（通72②、74②）。 ⇩ 　したがって、国税の徴収権、還付請求権は、時効の完成によって絶対的に消滅する。……これを消滅時効の絶対的効力といいます。 ※　国税の徴収権の消滅時効には、特別の完成猶予及び更新事由がある（通73）。

　租税債権は、概念上は賦課権と徴収権とに分けることができると考えられています。しかし、実務上賦課権のない徴収は考えられませんし、反対に徴収権の伴わない賦課権は意味がありません。

　このように、両者は密接不可分なものと考えられますが、概念的には賦課権と徴収権とは別のものといってよいでしょう。その場合、賦課権をどのように考えるかということになりますが、一般的には、租税の賦課権は主として確認行為を内容とする公法上の特殊な行政処分と考えられています。

第2節　賦課権の除斥期間

1　除斥期間の起算日（通10、70）

　更正、決定などといった賦課権に係る除斥期間とは、税務署長が納税義務の確定手続を行うことができる期間のことをいいます。

　なお、納税義務が成立していても、未確定のまま賦課権の除斥期間を経過した場合には、期間経過後は賦課権による納税義務の確定ができなくなります。

　この賦課権を行使できる期間の起算日は、法定申告期限の翌日です（通10、70）。ただし、還付請求申告書が提出されたものについては、その提出の日の翌日が起算日となります。

　なお、賦課課税方式による国税の除斥期間の起算日は、①課税標準申告書の提出を要する国税については、その提出期限の翌日、②課税標準申告書の提出を要しない国税については、その納税義務の成立した日の翌日です。

> 注　ただし、贈与税は6年、移転価格課税に係る更正の除斥期間は7年となっています（相37①、措66の4㉖）。

2　5年の除斥期間（通70①）……原則

申告納税方式の国税について、納税申告書を法定申告期限内に提出した者に対する更正の除斥期間、及び賦課課税方式の国税で課税標準申告書の提出を要するものについて、その申告書を期限内に提出した者に対する賦課決定の除斥期間は、原則として5年です（通70①本文）。

3　6年の除斥期間（相37①）

贈与税についての更正、決定について除斥期間は6年となっています。

4　7年の除斥期間
（通70③④、相36①、措66の4㉖）

① 脱税の場合（通70④）

いわゆる脱税行為、すなわち、偽りその他不正の行為により、税額の全部若しくは一部を免れ又は還付を受けた場合における更正決定等の除斥期間は7年です。また、これと同様に、偽りその他不正の行為により、その課税期間において純損失等の金額が過大であるとして納税申告した場合における更正決定等の除斥期間も7年となっています（通70④）（注）。

> 注　申告内容の一部について偽りその他不正があった場合他の部分がどうなるかに関し、次のような裁判例があります。
> ①最高裁三小、昭和51年11月30日判決、昭49（行ツ）111号、訟務月報22巻13号3044頁
> 「（偽り又は不正に係る更正の）除斥期間を5年（現在は7年）としている本条の規定は、偽りその他不正の行為によって免れた税額に相当する部分のみにその適用範囲が限られるものではない。」
> ②東京地裁、昭和48年9月11日判決、昭44（行ウ）94号、税資71号118頁
> 「偽りその他不正の行為により所得を隠ぺいし、法人税額の一部

を免れていた場合、当該偽りその他不正に基因する所得に係る額以外の分についても、（法定申告期限から）5年（当時：現行は7年）を経過する日までの間更正することができる。」

② 国外転出者に係る譲渡又は贈与等の場合（通70⑤三）

国外転出者に係る譲渡又は贈与等についての更正決定等についても、7年間の除斥期間とされています。

③ 移転価格税制に係る更正……（措66の4㉖）

移転価格税制においては、資料収集や調査に長期間を要することが通例となっています。このようなことから、同税制においては、除斥期間が7年に延長されています。

5　10年の除斥期間（通70②）

法人税に係る純損失等の金額で当該課税期間において生じたものを増加させ、若しくは、減少させる更正又は当該金額があるものとする更正の除斥期間は10年です（通70②）。

6　国外の取引等に係る更正・決定の除斥期間の特例（通71①四）

国外取引等に係る適正な課税を確保するという観点から、令和2年度の改正で、納税者が税務調査時の当局の求めがあったにもかかわらず、国外取引等に関連する資料を指定された期間までに提示・提出せず、外国税務当局に対して情報交換要請がなされた場合には、前述した期間制限にかかわらず、要請から3年間は更正・決定を可能にする手当てが講じられています（通71①四）。

7 除斥期間間際に出された申告に係る加算税の賦課決定期限の延長

　期限後申告等があった場合における加算税の除斥期間は、本税と同様とされています。しかし、令和2年度の改正で、除斥期間満了前3月以内になされた「納税申告書」等に係る分については、当該申告書の提出又は納付がされた日から3月を経過する日まで行うことができるように改められました（通70④）。

　ちなみに、更正・決定の期間制限、主要国の更正、決定又は賦課決定等の期間制限は次のようになっています。

（表24）更正・決定の期間制限一覧表（税目別）

対象税目		（増額・減額）
申告所得税		5年（通70①一）
	純損失等の金額に係る更正・決定	5年（通70①一）
	国外転出時課税制度に係る更正・決定	7年（通70④）
法人税		5年（通70①一）
	純損失等の金額に係る更正・決定	10年（通70②）
	移転価格税制に係る更正・決定	7年（措66の4㉗）
相続税の更正・決定		5年（通70①一）
贈与税の更正・決定		6年（相37①）
消費税及び地方消費税の更正・決定		5年（通70①一）
酒税の更正・決定		5年（通70①一）
上記以外のもの（注）に係る更正・決定		5年（通70①一）

　（注）　揮発油税及び地方揮発油税、石油石炭税、石油ガス税、たばこ
　　　　税及びたばこ特別税、電源開発促進税、航空機燃料税、印紙税（印
　　　　11、12に掲げるもの）、地価税をいう。
　※　なお、納税者からなされる「更正の請求」については原則5年で

すが、法人税に係る純損失等の金額についての更正の請求は10年となっています。
　　また、「後発的事由に基づく更正の請求」は、事由が生じた日の翌月から原則２月とされています。

（表25）主要国における更正等の主な期間制限

			日本	アメリカ	イギリス	ドイツ	フランス
税額確定方式			申告納税方式			賦課課税方式	
課税庁	増額	通常の場合	○法定申告期限から５年（増額更正） ○無申告の場合は法定申告期限から５年（決定）	○法定申告期限又は申告書提出日のいずれか遅い日から３年 ○ただし、申告漏れが総所得の25％超の場合は６年 ○無申告の場合は無期限 ○合意により延長可 ○停止事由あり（租税裁判所への出訴・第三者サモンズ取消訴訟提起等）	○課税期間の終了から４年（無申告の場合も同様） ○ただし、納税者に過失があった場合は６年 ○延長事由あり（期限後申告、調査による更正等）	○所得の申告を行った年の12月31日から４年 ○ただし、納税者に過失があった場合は５年 ○無申告の場合は課税期間の終了から５年（過失の場合）又は10年（脱税の場合） ○停止事由あり（更正の請求、異議申立て等）	○課税期間の終了から３年 ○無申告の場合は課税期間の終了から10年 ○停止事由あり（更正案の通知等）
		脱税の場合	○法定申告期限から７年（増額更正）	○無制限	○課税期間の終了から20年	○所得の申告を行った年の12月31日から10年	○課税期間の終了から10年
	減額		○法定申告期限から５年（減額更正）	○法定申告期限又は申告書提出日のいずれか遅い日から３年 ○合意により延長可	○課税期間の終了から４年	○所得の申告を行った年の12月31日から４年	○課税期間の終了から３年
納税者	増額		○法定申告期限から原則５年	○なし	○法定申告期限から１年以内は申告書の訂正が可能 ○課税期間の終了から４年は、課税庁による減額更正（還付）を請求することが可能	○所得の申告を行った年の12月31日から４年 ○ただし、納税者に過失があった場合は５年	○課税期間の終了から３年
	減額		○法定申告期限から原則５年（更正の請求）	○申告書提出日、又は納付日から２年のいずれか遅い時まで、還付請求を行うことが可能（税額納付が前提）		○原則、異議申立及び簡易な変更（いずれも賦課決定の通知を受けた日から１か月）により処理	○異議申立（賦課決定通知書による通知の日から起算して２年後の12月31日まで）により処理

(注)　所得税を念頭におき、各国原則的な申告に係るものを記載（2010年１月現在、ただし、イギリスについては2010年４月以降適用されるものを記載）

〔資料出所：税制調査会　平成22年７月９日提出資料〕

1　徴収権の消滅時効（通72）

（1）消滅時効の起算日

　国税の徴収権の消滅時効の起算日は、原則として、その国税の法定納期限の翌日です（通72①）。これは、法定納期限が経過すれば、税務署長は、納税者の申告を待たずに、自ら決定などの権利を行使して納税の請求をすることができる状態になるためです（通72①）。

（2）裁判上の請求による時効の完成猶予及び更新（通73）

　民法では、時効が完成しない事由として、次の四つが挙げられています（民147）。

① 　裁判上の請求

② 　支払督促

③ 　民事訴訟法第275条第１項の和解又は民事調停法（昭和26年法律第222号）若しくは家事事件手続法（平成23年法律第52号）による調停

④ 　破産手続参加、再生手続参加又は更生手続参加

　それに対し、国税の徴収権の消滅時効については、一般的には民法の規定を準用しつつも（通72③）、税務署長によってなされる国税債権を実現させようとする行為、すなわち更正、決定など及び納税の告知、督促、交付要求のそれぞれについて、その効力が生じたときに時効の完成猶予となり、その期間を経過した時から、新たに時効期間が進行することとされています（通73①）。

ちなみに、通則法における時効の完成猶予とその継続期間及び時効完成との関係は、次のようになります。

イ　更正・決定・賦課決定・納税の告知（通73①一、二、三）

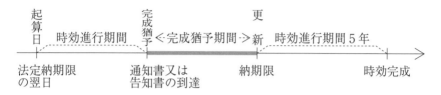

ロ　督促（通73①四）、差押え（民147二、通72③）

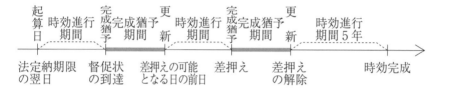

ハ　交付要求（参加差押えを含む。）（通73①五）

　また、納税申告、納税の猶予の申請、延納条件変更の申請及び一部の納付などがあった場合には、納税者の承認があったものとみなされ、時効が新たに進行します（通72③）。

　なお、納税申告、更正、決定などの確定手続及び納税の告知があった場合に、その時効の完成猶予及び更新の効力が及ぶ範囲は、更正などによる増差税額に限られます（通73①本文）。

第7章　更正・決定・徴収などの期間制限

（3）時効の不進行（通73④）

　時効の不進行は、既に進行してきた時効期間の効力を失わせる時効の更新と異なり、時効の完成を一定期間だけ延長するものです。したがって、不進行のときまでに進行した時効期間の効果は失われません。

　徴収権の時効が不進行となるのは、次の二つの場合です。

①　延納、納税の猶予、徴収の猶予及び換価の猶予をした国税……その延納又は猶予がされている期間（通73④）

（例示）

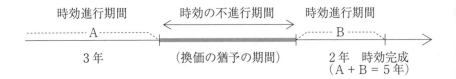

②　偽りその他不正の行為により、全部若しくは一部の税額を免れ又は還付を受けた国税及び国外転出等特例の適用がある場合の所得税……その国税の法定納期限から2年間（通73③）

2　還付請求権の消滅時効（通74）

　還付請求権の消滅時効は、5年です（通74①）。また、その起算日は、過誤納金の発生した日の翌日及び還付金の還付請求ができる日です（通74①）。

　納税者が行う還付を受けるための納税申告、還付請求書の提出は、催告（民150）としての効力があります。なお、税務署長から支払通知書などが還付請求者に送達されたときには、承認として時効が更新します（通74②）。

　なお、還付加算金の消滅時効も還付金等と同じになっています。

8 国税の調査等

1　税務職員の質問検査権

　すべての納税者に納税義務を適正に履行してもらうためには、納税者への適切、かつ、タイムリーな情報提供だけでなく、適正な税務調査を実施することによって課税の公平を実現し、納税者のコンプライアンスの向上を図ることが必要です。

　このようなことから、どこの国の税法でも、税務職員には納税者やその取引先に対し質問し、調査する権限、いわゆる質問検査権が与えられています。

　わが国でも、例えば更正や決定をするため、税務職員に質問検査権が付与されています。

　従前の制度の下においては、これらの質問検査権の行使に関する規定は、すべて各税法で設けられていました（例えば、旧所234、旧法153、旧相60、旧消62など）。

　しかし、法律的な効果がほぼ同一内容の質問検査権については、各税法に分散して規定するよりも、どこかにまとめて規定した方が分かりやすく、かつ、税法の簡素化にも役立ちます。

　そこで、平成23年度の税制改正で、国税通則法に質問検査権について次のような内容の統一規定が設けられました（通74の2～74の6）。

　　「税務職員は、所得税等に関する調査等について必要があるときは、納税義務者等に質問し、帳簿書類その他の物件を検査し、又は当該物件（その写しを含む。）の提示若しくは提出を求めることができる。」(注)

　　注　ここでいう税務調査の対象となる納税義務者等には、納税者本人

のみでなく、家族、従業員等も含まれます。また、調査の対象となる帳簿書類には、社内において記録、保存されているもの（電子帳簿等による記録、保存を含む。）も含まれます。なお、取引先、取引金融機関等もその対象となります。

この規定を踏まえ「法令解釈通達（いわゆる手続通達）」が制定されるとともに、事務のやり方等についても「事務運営指針」が制定され、公表されています。

さらに、法令改正も含めたところで「税務手続について（国税通則法等の改正）」というパンフレットも作成、公表されています。

2 「調査」の意義

ここでいう「調査」（具体的には「実地の調査」）とは、国税（通則法第74条の2から第74条の6までに掲げる税目に限ります。）に関する法律の規定に基づき、特定の納税義務者の課税標準等又は税額等を認定する目的その他国税に関する法律に基づく処分を行う目的で当該職員が行う一連の行為（証拠資料の収集、要件事実の認定、法令の解釈適用など）です（手続通達1－1(1)）[注]。ただし通則法第74条の3に規定する相続税・贈与税の徴収のために行う一連の行為はここでいう「調査」には含まれません（同前注書）。

[注] ちなみに、調査（質問検査権の行使）ができるのは、次のような場合です。
① 事業規模に照らし、申告所得金額が著しく低い場合（札幌高裁、平成3年8月29日判決、昭63（行コ）5号）
② 納税者が長期間調査を受けていない場合（東京地裁、平成5年10月20日判決、平3（行ウ）53号）
③ 確定申告書に必要経費等の記載がなく、収支の内訳が明らかでない場合（水戸地裁、平成5年3月23日判決、平元（行ウ）10号）
④ 質問検査権は、申告の真実性、正確性を確認するために行使することができ、必ずしも過少申告を疑わせる合理的な理由や客観的根拠を必要としない（名古屋地裁、平成8年6月28日判決、平6（行ウ）8号、最高裁二小、平成9年10月31日判決、平9（行ツ）163号）。

⑤　調査権限を有する職員において、調査の目的、調査すべき事項、申告の体裁内容、帳簿等の記入保存状況、事業の形態等諸般の具体的事情に鑑み、客観的な必要性があると判断される場合（最高裁一小、平成4年10月8日判決、平4（行ツ）6号）
　　ただし、調査理由又は必要性については原則として事前開示が必要とされています（最高裁三小、昭48年7月10日判決、昭45（あ）2339号）。

　また、ここでいう「調査」には、更正決定等を目的とする一連の行為のほか、再調査決定や申請等の審査のために行う一連の行為も含まれますが、次のイ又はロに掲げるもののように、一連の行為のうちに納税義務者に対して質問検査等を行うことがないものについては、事前通知や終了通知は不要とされています（手続通達1－1(3)）。

　イ　更正の請求に対して部内の処理のみで請求どおりに更正を行う場合の一連の行為

　ロ　期限後申告書の提出又は源泉徴収に係る所得税の納付があった場合において、部内の処理のみで決定又は納税の告知があるべきことを予知してなされたものには当たらないものとして無申告加算税又は不納付加算税の賦課決定を行うときの一連の行為

3　調査の対象者

　調査の対象となる者は、各税法で納税義務者として規定されている者若しくは納税義務があると認められる者とそれらの者の従業員等並びにそれらの者の取引先等です（通74の2～74の6）。そこでいう取引先等には取引金融機関等も含まれます。

　なお、金融機関等は、個人番号及び法人番号によって検索できる状態で預貯金情報を管理する義務が課されています（通74の13の2）。

第2節　税務調査の種類

1 所得税、法人税、消費税に関する調査 （通74の2）

　国税庁、国税局又は税務署（以下「国税庁等」という。）の当該職員は、所得税、法人税又は消費税に関する調査について必要があるときは、次に掲げる者に質問をしその者の事業に関する帳簿書類その他の物件を検査し、又は当該物件の提示若しくは提出を求めることができることとされています（通74の2）。

（1）所得税

① 所得税の納税義務者、納税義務があると認められる者又は確定損失申告書等を提出した者

② 支払調書又は源泉徴収票、信託の計算書等を提出する義務がある者

③ 上記①の者に金銭若しくは物品の給付についての権利義務がある者又はあったと認められる者

（2）法人税

① 法人

② 上記①の者に対し、金銭の支払若しくは物品の譲渡についての権利義務がある者

（3）消費税

① 消費税の納税義務者、納税義務があると認められる者又は還付を

受けるための申告書を提出した者

② 上記①の者に対し、金銭の支払若しくは資産の譲渡等についての権利義務がある者

2 相続税及び贈与税に関する調査（通74の3）

国税庁等の当該職員は、相続税若しくは贈与税に関する調査若しくは相続税若しくは贈与税の徴収について必要があるときは、次に掲げる者に質問をし、又は次の①に掲げる者の財産若しくはその財産に関する帳簿書類その他の物件を検査し、又は当該物件の提示若しくは提出を求めることができることとされています（通74の3）。

① 相続税又は贈与税の納税義務者又は納税義務があると認められる者

② 相続税法第59条に規定する調書を提出した者又はその調書を提出する義務があると認められる者

③ 納税義務者又は納税義務があると認められる者に対し、債権若しくは債務を有していたと認められる者又は債権若しくは債務を有すると認められる者

④ 納税義務者又は納税義務があると認められる者が株主若しくは出資者であったと認められる法人又は株主若しくは出資者であると認められる法人

⑤ 納税義務者又は納税義務があると認められる者に対し、財産を譲渡したと認められる者又は財産を譲渡する義務があると認められる者

⑥ 納税義務者又は納税義務があると認められる者から財産を譲り受けたと認められる者又は財産を譲り受ける権利があると認められる

者

⑦　納税義務者又は納税義務があると認められる者の財産を保管したと認められる者又はその財産を保管すると認められる者

3　酒税に関する調査（通74の4）

　国税庁等の当該職員は、酒類などの製造者や販売業者に対し、酒類などの製造、貯蔵、仕入、販売などの酒税の課税上必要な事柄について質問し、これらの者が所持している物件を検査し、又は当該物件の提示若しくは提出を求めることができることとされています（通74の4）。

　また、酒類などの物件や原料を検査するため必要がある場合は、これらの物件や原料について、必要最少限度の分量の見本を採取すること（通74の4②）、運搬中の酒類などを検査し、又は運搬者に対し、その出所、到達先を質問すること（通74の4③）、酒類製造者や酒類販売業者の組織する団体に対して、団体員の酒類製造や販売に関して参考となる事項を質問し、団体の帳簿書類その他の物件を検査し、又は当該物件の提示若しくは提出を求めることもできることとされています（通74の4④）。

4　その他の税目に関する調査（通74の5、6）

　それらに加え、通則法では次の各税についても、質問検査ができることとなっています。

①　たばこ税（通74の5①一）

②　揮発油税（通74の5①二）

③　地方揮発油税（通74の5①二）

④　石油ガス税（通74の5①三）

⑤　石油石炭税（通74の5①四）

⑥　国際観光旅客税（通74の5①五）

⑦　印紙税（通74の5①六）

⑧　航空機燃料税（通74の6①一）

⑨　電源開発促進税（通74の6①二）

5　提出物件の留置き（通74の7）

さらに、国税庁等の当該職員は、国税の調査について必要があるとき
は、その調査において提出された物件を留め置くことができることとさ
れています（通74の7）。

6　権限の解釈（通74の8）

ただし、質問検査権の規定による当該職員の権限は、犯罪捜査のため
に認められたものと解してはならないこととされています（通74の8）。

7　身分証明書の携帯等（通74の13）

国税庁等の当該職員は、質問検査権の規定による質問、検査、提示若
しくは提出の要求、閲覧の要求、採取、移動の禁止若しくは封かんの実
施をする場合又は事業を行う者の組織する団体等に対する諮問及び官公
署等への協力要請をする場合には、身分を示す証明書を携帯し、関係人
の請求があったときは提示しなければならないこととされています（通
74の13）。

1　事前通知（通74の9）

　税務署長等は、調査担当職員に納税義務者に対して実地の調査を行わせる場合には、あらかじめ、当該納税義務者に対しその旨、及び①調査を開始する日時、②調査を行う場所、③調査の目的、④調査の対象税目、⑤調査の対象期間、⑥調査の対象となる帳簿書類その他の物件、⑦当該納税義務者の氏名及び住所又は居所、⑧調査担当職員の氏名及び所属官署等を通知しなければならないこととされています（通74の9、通令30の4）。

（1）事前通知の対象者

　事前通知の対象者は、納税義務者とされています（通74の9①）が、納税義務者に税理士等の税務代理人がある場合には、その税務代理人も対象になります(注)。

> 注　この場合において、当該納税義務者の同意がある一定の場合に該当するときは、当該納税義務者への調査の事前通知は、当該税務代理人に対してすれば足りることとされています（通74の9⑤）。

（2）対象となる調査の範囲

　事前通知の対象となる「調査」は、納税義務者の事業所や事務所等に調査担当職員が臨場して行う調査（いわゆる「実地の調査」）とされています（通74の9①）。

（3）事前通知を要しない場合（通74の10）

　なお、調査の相手方である納税義務者の申告若しくは過去の調査結果の内容又はその営む事業内容に関する情報その他国税庁等が保有する情報に鑑み、違法又は不当な行為を容易にし、正確な課税標準等又は税額等の把握を困難にするおそれその他国税に関する調査の適正な遂行に支障を及ぼすおそれがあると認める場合には、事前通知を要しないこととされています（通74の10）。

2　調査の「開始日時」又は「開始場所」の変更の協議（通74の9）

　税務署長等は、事前通知を受けた納税義務者（税務代理人を含みます。）から、合理的な理由を付して、調査を開始する日時又は調査を行う場所について変更を求められた場合には、これらの事項について納税者と協議するよう努めるものとされています（通74の9②）。

3　税務調査の終了の際の手続（通74の11）

（1）更正決定等をすべきと認められない旨の通知

　税務署長等は、実地の調査を行った結果、更正決定等をすべきと認められない場合には、納税義務者で当該調査において質問検査等の相手方となった者に対し、その時点において、更正決定等をすべきと認められない旨を書面により通知することとされています（通74の11）。

（2）更正決定等をすべきと認める場合における調査結果の内容の説明等（通74の11②、③）

　また、実地の調査を行った結果、更正決定等をすべきであると認めら

れる場合には、当該職員は、その調査結果の内容を当該納税義務者に説明することとされています（通74の11②）^(注)。

> 注　更正、決定をする場合、その立証責任は一般的に税務当局にあると考えられています（金子宏「租税法（24版）」弘文堂1135頁）。このような考え方は、米国以外の主要国でも同じとなっています。
> 　ちなみに、米国では原則として納税者にあるとされています。ただし、米国でも、納税者が税務調査において十分な協力をしている等の場合には、税務当局に立証責任が転換されることとされています（1998年 IRS 改革法）。

　説明する際、当該職員は、当該納税義務者に対し修正申告又は期限後申告を勧奨することができることとされています（通74の11③）。

　なお、この場合は、調査の結果に関し納税義務者が納税申告書を提出した場合には不服申立てをすることはできないが更正の請求をすることはできる旨を説明するとともに、その旨を記載した書類を交付しなければならないこととされています（通74の11③）。

（3）再調査（通74の11⑤）

　前記(1)の「更正決定等をすべきと認められない旨の通知」をした後又は前記(2)の「調査の結果に関し納税義務者が納税申告書を提出等」をした後においても、当該職員は、新たに得られた情報に照らし非違があると認められる場合には、当該通知を受け、又は納税申告書の提出等をした納税義務者に対し、質問検査等を行うことができることとされています（通74の11⑤）。

第4節　事業者・官公署への協力要請（通74の12〜13の4）

　国税庁等の当該職員は、国税に関する調査について必要があるときは、官公署のみならず、事業者に対しても、その調査に関し参考となるべき帳簿書類その他の物件の閲覧又は提供その他の協力を求めることができます（通74の12）。

　さらに、暗号資産取引やインターネットを通じた業務請負の普及など、経済取引の多様化・国際化が進展していることに対応し、従来からの預貯金者等情報の管理（通74の13の2）に加えて、次の規定が設けられています。

①　特定事業者等への報告の求め（通74の7の2）

②　口座管理機関の加入者情報の管理（通74の13の3）

③　振替機関の加入者情報の管理等（通74の13の4）

　また、国税通則法ではありませんが、暗号資産等を利用した脱税等のリスクが顕在化したため、令和6年度の税制改正では、非居住者の暗号資産等取引情報の自動的交換のための報告制度が整備されました（租税条約等の実施に伴う所得税法、法人税法及び地方税法の特例等に関する法律）。

　これは、OECDにおいて策定された暗号資産等報告枠組み（CARF：Crypto-Asset Reporting Framework）に基づいて、租税条約等によって各国の税務当局と自動的に交換するため、国内の暗号資産取引業者等に対し非居住者の暗号資産に係る取引情報等を税務当局に報告することを義務付けるものです。令和8年1月1日から適用されます。

第5節　犯則調査 （通131以下）

　脱税犯に対しては、任意調査ではなく裁判所の許可状を得て強制調査（国税犯則調査）が行われます（通131以下）。

　その趣旨及び具体的内容は次のようになっています。

（図23）

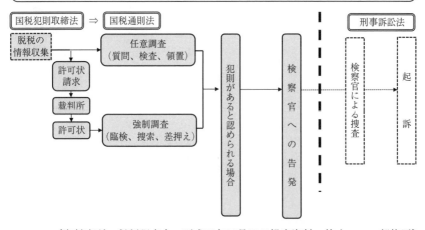

　　　　　　　　　　　　　　　　国 税 犯 則 調 査

国税犯則調査は、国税の公平確実な賦課徴収という行政目的を実現するため、国税についての犯則（脱税等）が疑われる場合に、国税職員が実施する調査です。担当の国税職員は、通常の税務調査とは異なる権限に基づき証拠を発見・収集し、刑事責任を追及すべき案件と判断した場合には検察官へ告発を行う。国税局査察部が所得税や法人税の脱税等に対して行う査察調査がその代表例です。

〔資料出所：税制調査会　平成28年10月31日提出資料、抜すい、一部修正〕

　国税犯則調査については、これまで国税犯則取締法という法律で規定されていましたが、平成29年度の税制改正で、捜索及び差押えの範囲について明確化されるとともに国税通則法で規定されることになりました。

1　犯則事件調査の特色

　犯則事件の調査は、犯則事件の証拠を集取し、犯則事実の有無と犯則

（行為）者を確定させるための調査で、告発又は通告処分を終局の目的として行われるものです。

　そのため、質問検査権に基づく通常の税務調査（いわゆる任意の税務調査）とは、その目的、性格が著しく異なっています。

　具体的には、国税についての犯則があると認められる場合に、通告処分又は告発を終局の目的として、犯則事件の証拠を発見、集取するために行うものであって、形式的には行政手続ですが、実質的には刑事手続に近い性格を持つものです。

2　犯則事件の調査の方法

　犯則事件の調査は、その内容に応じ次のように区分されています。

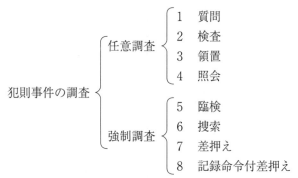

　　　　　　　　　　　　　　　┌　1　質問
　　　　　　　　　　　　任意調査┤　2　検査
　　　　　　　　　　　　　　　│　3　領置
　　　　　　　　　　　　　　　└　4　照会
犯則事件の調査┤
　　　　　　　　　　　　　　　┌　5　臨検
　　　　　　　　　　　　強制調査┤　6　捜索
　　　　　　　　　　　　　　　│　7　差押え
　　　　　　　　　　　　　　　└　8　記録命令付差押え

〔資料出所：国税庁税務大学校講本「国税通則法」（令和5年度版）142頁〕

3　裁判所の許可

　なお、犯則調査にあたっては裁判所の捜索許可令状を調査相手に提示するとともに、犯則事件調査職員証票を提示することとされています（通139、140、通規16別紙10号書式）。

4 犯則事件の処理

　犯則事件の調査により、犯則があると思料するときは、当該職員は告発の手続きをしなければならないこととされています（通155）。

> 注　それに対し、間接国税に関する犯則事件については直ちに告発する例外的な場合を除いて、当該職員は国税局長等に報告し、（通156）、国税局長等が調査の結果犯則の心証を得た場合には書面により通告処分を行うこととされています（通157）。

9 納税者の権利救済制度 （不服審査及び訴訟）

―〔ポイント〕―

① 納税者の権利救済制度

② 行政上の救済と裁判による救済

③ 再調査の請求と審査請求の差異

④ 国税不服審判所の機能

⑤ 訴訟

第1節　権利救済制度の概要

1　行政争訟の種類

　納税者が、税務署長等の行った国税に係る更正、決定、滞納処分や各税法で規定されている各種の申請（例えば、酒販免許申請や青色申請、物納申請など）に対する処分について不服がある場合には、どうすればよいのでしょうか。

　一般に行政処分に不服がある場合、国民は国に対して、処分の取消し（又は処分すべきこと）を求めることができることとされています。そして、このような国の処分（具体的にはその行政機関）に対して救済を求める手続は、一般に行政争訟制度と呼ばれています。

　行政争訟制度には、行政庁に対して救済を求める「行政救済（いわゆる不服申立て）」と裁判によって救済を求める「司法救済（訴訟）」とがあります。これらの行政争訟のうち、国税に関する行政争訟は、「租税争訟」又は「税務争訟」と呼ばれています。

2 行政救済の必要性

　納税者の権利利益の救済という見地からいえば、裁判所が行う救済は、
①その裁判機関が独立の地位を有し、構成員に身分の保障が認められる
こと、②その手続が厳格な対審的構造を持ち、慎重であることから、最
も整備された形態であるということができます。

　しかし、訴訟は、その手続が慎重であるだけに敏速な処理を期待でき
ません。また、租税をめぐる争訟の大部分は、司法救済を求めるには必
ずしも適当でない簡易少額の事件です。したがって、裁判に要する手数
と費用を考えれば、このような行政訴訟の前置的ないしは補充的な権利
利益の救済手続として、行政機関による略式の争訟制度が持つ意義は、
極めて大きいものがあります^(注)。

> 注　米国でも、租税専門の訴訟取扱機関である租税裁判所（Tax
> Court）で取り扱われる事案の多くは少額事案となっています。
> 　そのため、同裁判所への提訴は本税を納付しなくても可とされて
> います。
> 　それに対し、連邦地方裁判所への提訴はいったん税金を払った上
> で、その還付を求める訴訟という形になることから、比較的大口案
> 件が中心となっています。

　特に、租税の賦課徴収の場合は、毎期継続して大量的かつ集中的、回
帰的に行われるという特異な性質を有しています。そのため、少額事案
に対して簡易な救済の道を与え、かつ、裁判所の負担を軽減するという
意味で、税務争訟においては行政救済が果たす役割が極めて大きくなっ
ています^(注)。

> 注　行政救済の一種である再調査の請求は毎年1,000〜2,000件程度（令
> 和4年度で1,533件）、審査請求は2,000〜3,000件程度（同前3,034件）
> となっています。
> 　それに対し、税務訴訟の提訴は最近では年間160〜230件程度（同

前173件）にとどまっています。

　なお、実際に権利救済が認められたのは、一部認容を含め、再調査の請求では 4 ～13％程度（令和 4 年度は4.6％）、審査請求では 7 ～13％程度（同前7.1％）、税務訴訟では年によってかなり差があり 3 ～10％程度（同前5.4％）となっています。

　このようなことから、国税通則法においては、訴訟による司法救済を求める前に、行政上の救済を求めるという「不服申立前置主義」が全面的に採用されています。その結果、直接訴訟に訴えることができるのは、無効確認を求める訴えなど例外的なものに限定されています。

注　ちなみに、被相続人が殺人によって死亡し、犯人がみつからなかったこと等から法定申告期限内に相続税の申告書を提出しなかったため課税庁から賦課決定処分を受けた納税者は事件が未解決であったこと等から税金のことを考える余裕がなかったとして国税通則法115条 1 項に規定する「審査請求についての裁決を経ないことにつき正当な理由があった」と主張しましたが裁判所が「仮にそのような理由があったとしても裁決を経ないことに正当な理由があったとは認められない」として請求を斥けています。千葉地裁、令和 3 年 1 月29日判決

1 不服申立て

　国税に関する行政庁の処分等に対する不服申立てには、行政処分のみでなく、本来行政庁が法令に基づいて相当の期間内に何らかの行為をなすべきであるのにもかかわらず、それをしていない状態（不作為）も含まれます。

（1）行政処分に対する不服申立て（審2ほか、通75）

　行政不服審査法では、不服申立ての形態として、審査請求、再調査の請求（従前の異議申立て）及び再審査請求の三つがあるとしています。そして、基本的な不服申立制度は審査請求であるとしています（審2、5、6）。

　これに対し、国税通則法による不服申立ての形態は、従前は異議申立て及び審査請求の二つだけとされていました（二審制度）。また、行政不服審査法の場合とは逆に、異議申立てが基本的な不服申立制度であるとされていました。

　しかし、平成26年度の税制改正で、これらについて次のような形に見直しがなされ、平成28年4月1日から施行されています。

（図24）訴訟に至るまでの概要

〔国税に関する法律に基づく処分に関するもの〕

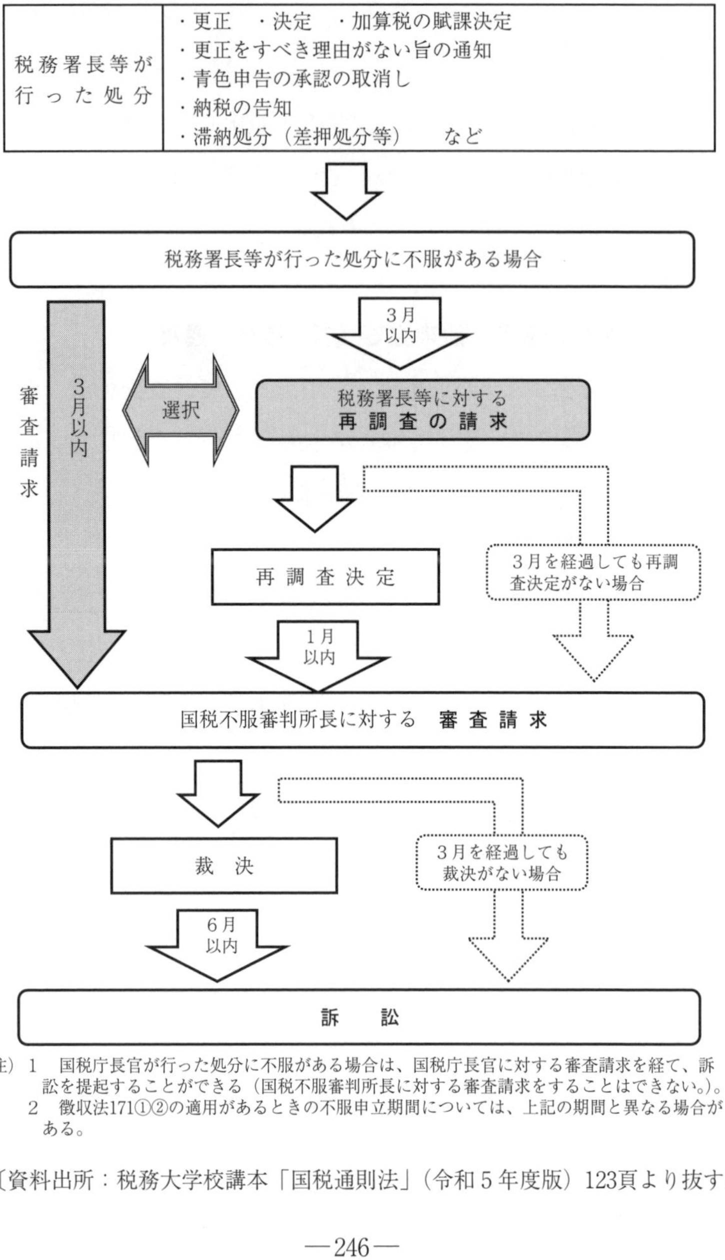

税務署長等が行った処分	・更正　・決定　・加算税の賦課決定 ・更正をすべき理由がない旨の通知 ・青色申告の承認の取消し ・納税の告知 ・滞納処分（差押処分等）　　など

⬇

税務署長等が行った処分に不服がある場合

審査請求
3月以内　　　　選択　⟷　3月以内 ⬇　税務署長等に対する **再 調 査 の 請 求**

⬇　再 調 査 決 定　　　　3月を経過しても再調査決定がない場合

1月以内 ⬇

国税不服審判所長に対する **審 査 請 求**

⬇　　　3月を経過しても裁決がない場合

裁　決

6月以内 ⬇

訴　訟

(注)　1　国税庁長官が行った処分に不服がある場合は、国税庁長官に対する審査請求を経て、訴訟を提起することができる（国税不服審判所長に対する審査請求をすることはできない。）。
　　　2　徴収法171①②の適用があるときの不服申立期間については、上記の期間と異なる場合がある。

〔資料出所：税務大学校講本「国税通則法」（令和5年度版）123頁より抜すい〕

（2）不服申立てができる者（通75①）

　国税に関する処分について不服申立てができるのは、税務官庁の違法又は不当な処分により、直接自己の権利又は法律上の利益を侵害された者で、これらの処分について不服がある人です（通75①）。ただし、場合によっては、処分の直接の相手のみならず、例えば、差押処分のあった財産に対し担保権を有する者のような第三者もこれに含まれる場合があります。

　なお、不作為についての不服申立てができるのは、法令に基づきその不作為に係る処分その他の行為を申請した者に限られています（審3）。

2　不服申立先

（1）再調査の請求（通75①②⑤、77①）

　再調査の請求は、原則として、その対象となる処分をした行政庁（原処分庁という。）である税務署長に対して行います（通75①⑤）。

　なお、税務署長がした処分で、その処分に係る事項の調査が国税庁又は国税局の職員によってされた旨の記載がある書面により通知された場合には、国税庁長官（この場合には、再調査の請求ではなく、審査請求となります。）又は国税局長に対して行います（通75②）。

　ちなみに、処分を行った者の区分による「不服申立先」は、次のようになっています（通75①〜⑤）。

（表26）

処分を行った者	再調査の請求先	審査請求先
税務署長（一般の処分）	税務署長	国税不服審判所長
税務署長（処分に係る通知書に、国税局の職員の調査に基づくものである旨の記載があるもの）	国税局長	国税不服審判所長

税務署長（処分に係る通知書に、国税庁の職員の調査に基づくものである旨の記載があるもの）	−	国税庁長官（審査請求の手続は行政不服審査法の規定による）
国税局長	国税局長	国税不服審判所長
国税庁長官	−	国税庁長官（審査請求の手続は行政不服審査法の規定による）
税関長	税関長	国税不服審判所長
国税庁、国税局、税務署及び税関以外の行政機関の長又はその職員	−	国税不服審判所長

（注意事項）

　再調査の請求と審査請求の双方できる場合には、そのいずれかを選択することができます。また、再調査の請求を選択した場合であっても、再調査の請求についての決定を経た後の処分になお不服があるときは、国税不服審判所長に審査請求をすることができます。　　　　　　　　　　　　　　　　〔資料出所：国税不服審判所〕

　この申立ては処分がなされたことを知った日の翌日から3月以内に行わなければなりません（通77①）。

（2）審査請求（通75①〜④、77①）

　国税に関する法律に基づく処分については、処分があったことを知った日から3か月以内に審査請求を行うことができます（通75①②、77①）。

　再調査の請求と審査請求の双方できる場合には、そのいずれかの選択適用となっています（通75①一）。

　但し、再調査の請求を選択した場合であっても、再調査の請求についての決定を経た後の処分になお不服があるときは、決定があったことを知った日から1か月以内に審査請求をすることができます（通75③、77②）。

　また、再調査の請求をしてから3月を経過しても決定がない場合には、決定を経ずに審査請求をすることができます（通75④）。

　審査請求は、国税庁長官（国税庁長官がした処分又は国税庁の職員の調査に基づき税務署長がした処分であるとき）又は国税不服審判所[注]（その他の処分

であるとき）に対して行うこととされています（通75）。

> 注　国税不服審判所の中立性維持の観点から、審判官には、税務職員
> だけでなく外部の税理士、弁護士等も多数任用されています（事件
> を担当する国税審判官の半数程度を特定任期付審判官として外部登
> 用）。

（3）不作為の場合（審3、4）

　国税に係る行政庁の不作為に対する不服申立てについては、国税庁
長官に対して審査請求をすることができることとされています（審3、
4、不服審査基本通達（国税庁関係）4 - 4）。

3　不服申立手続（通81ほか）

　不服申立ては、その種類に従い、再調査の請求書又は審査請求書（審
査請求書については正副2通）を提出して行います（通81、87）。

4　不服申立ての審理手続（通96、97ほか）

（1）形式審理等

　不服申立てがあったときは、まず、不服申立ての要件を満たしている
かどうかについて形式的な審理を行い（形式審理）、申立てに必要な要件
を全て満たしているときに、初めて内容について実質的な審理（実質審
理）に移行します。

（2）実質審理

　不服申立事案に対して簡易、迅速な救済と行政の適正な運営を確保す
る見地から、行政不服審査法では、職権による審理が認められています
（審28～42）。国税通則法においても、国税不服審判所の担当審判官は、

必要に応じ審査請求人又は関係人その他の参考人に対して質問をするとともに、帳簿書類その他の物件につき提出を求め又は検査をすることが認められています（通97）^(注)。

> 注　その際、不服申立人は、原処分庁が任意提出した資料について閲覧請求をすることができることとされています（通97の3①前段）。また、口頭で意見を述べたい旨の申出があったときは、担当審判官は、その機会を与えなければならない（口頭意見陳述）こととされています（通95の2）。
> 　さらに、請求人が任意提出した書類に加え、担当審判官が職権で提出を求めて提出された書類についても請求人が閲覧するとともに、写しの交付を請求することができることとされています（通97の3①）。併せて、口頭意見陳述の場において、担当審判官の許可を得て、原処分庁に質問することができることとされています（通95の2②）。

そして、不服申立人がこれらの質問、検査などに、答えなかったり、虚偽の答弁をしたり、帳簿書類の検査を拒否し、又は検査の対象から免れようとしたり、虚偽の帳簿書類を提示した場合には、次のような取扱いがなされることとされています。

① 　国税不服審判所長は、審査請求人又は原処分庁が、これらの質問、提出要求又は検査に応じないため、審査請求人又は原処分庁の主張の全部又は一部についてその基礎を明らかにすることが著しく困難になった場合には、その部分に係る主張を採用しないことができることとされています（通97④）。

② 　①以外の場合には、その者に、30万円以下の罰金が科せられます（通129）。

5　決定又は裁決（通83、92、98ほか）

再調査の請求に対する当局の見解は「決定」という形で、また、審査請求に対する国税不服審判所の見解は「裁決」という形で行われます。

なお、再調査決定書には、国税不服審判所長に対し審査請求ができる旨及び審査請求のできる期間も併せて記載されています（通84⑨）。

　ちなみに、「決定」又は「裁決」は、次のような形で行われます。

① 却下……これは、不服申立てが、法定の不服申立期間経過後にされたとき、その他形式的要件を欠く不適法なものがあるときなどに行われます。このような形の「決定」又は「裁決」がなされたということは、実質審理が拒否されたことを意味します（通83①、92）。

② 棄却……不服申立てに理由がなく、原処分が相当であると認められるときに行われる「決定」又は「裁決」のことをいいます（通83②、98①）。

③ 認容……不服申立てについて理由があるときに行われる「決定」又は「裁決」で、原処分の全部若しくは一部が取り消され、又はこれが変更されることになります（通83③、98②）。

　なお、不服申立てに対する「決定」又は「裁決」は、その理由を詳細に記載した再調査決定書又は裁決書の謄本の送達により行われます（通84⑦～⑨、101①～③）。

6 不服申立てと原処分の執行との関係（通105）

　不服申立てがなされた場合であっても、それらの申立てがなされたという理由のみで原処分の執行又は手続の続行を停止することはありません（通105①）。それは、不服申立てがなされたというだけで原処分の執行を停止することとすると、行政の運営が不当に阻害されたり国税徴収の公平を破る結果となるおそれが多分にあるためです。また、執行停止のみを目的とした濫訴の弊を生じ、行政処分の執行に障害をもたらすば

かりでなく、争訟制度そのものの機能を損なうことにもなりかねません。

　しかし、一方で、執行の停止を全く認めないこととすると、不服申立人が自己に有利な決定又は裁決を勝ち得ても、結果的にタイミングを失い、その実効を伴わない場合が起こり得ます。

　このようなことから、通則法では、執行不停止を原則としながらも、例えば差押財産については換価の禁止を原則とするなど、納税者の権利利益の保護に努めることとしています。また、担保の提供があれば新たな差押えをしないこととするほか、既に差押えしている財産の差押解除ができることとしています。更に、行政不服審査法にならって、職権による執行停止に加えて不服申立人に執行停止の申立権を認めることとしています（通105）。

1 行政訴訟の概要（行訴14①、通114、115）

　不服申立て（一般的には審査請求）に対する「裁決」に不服がある場合には6か月以内に、また、国税不服審判所に対して審査請求を行ったにもかかわらず3月を経過しても裁決がなされない場合には、納税者は裁判所（具体的には地方裁判所）に対して「訴え」をもってその救済を求めることが認められています（行訴14①、通115）。

　このような行政庁の処分に対する訴訟は、一般に行政事件訴訟と呼ばれています。

　行政事件訴訟は、すべて司法裁判所の管轄に属し（憲76）、その手続規定については、行政事件訴訟についての一般法たる性格を持つ行政事件訴訟法によることとされています。

　国税の処分に関する訴訟についても、通則法第8章第2節（訴訟）及び他の国税に関する法律に別段の定めがある場合を除き、行政事件訴訟法その他一般の行政事件訴訟に関する法律の定めるところによることとされています（通114）。

（1）訴訟の種類

　行政事件に関する訴訟は次の三つに分類されています。

① 抗告訴訟（処分の取消しの訴え、裁決の取消しの訴え、無効等確認の訴え、不作為の違法確認の訴え、義務付けの訴え、差し止めの訴え）

② 当事者訴訟

③ 民衆訴訟及び機関訴訟

税務訴訟の多くは、このうちの抗告訴訟すなわち行政庁の公権力の行使に対して不服を申し立てる訴訟によることとされています[注]。

なお、抗告訴訟は、更に①処分の取消しの訴え、②裁決の取消しの訴え、③無効等確認の訴え、④不作為の違法確認の訴え、⑤義務付けの訴え及び、⑥差止めの訴えに区分されています（行訴3）。

このうち、税務訴訟で最も一般的なのは、①処分の取消しを求める訴えです。

（2）訴えの提起先

取消訴訟は、被告（税務訴訟であれば「国」）の所在地を管轄する裁判所に訴えを提起できる[注]ほか、その処分等をした行政庁の所在地を管轄する裁判所に訴えを提起できます。また、原告（税務訴訟であれば「納税者」）の所在地を管轄する高等裁判所の所在地を管轄する地方裁判所にも訴えを提起できます（行訴12①④）。

（3）判決など

訴訟の提起を受けた場合、裁判所は、申立期間徒過などによる却下の場合を除き、原則として口頭弁論を経て、一定の方式を備えた判決原本を作成し、これに基づいて判決を言い渡します。また、審理に際しては、各種の尋問、証拠調べなどの慎重な手続が行われます。

判決は、処分取消しの訴えであれば、納税者の主張を認める認容（原

処分取消し）、一部認容と納税者の主張を退ける棄却のいずれかの形で下されます。

　なお、地方裁判所での判決に対して不満がある場合には、2週間以内に高等裁判所に控訴することができます。さらに、そこでの判決にも不服であり、かつ、その内容が先例となるものなど一定の要件に該当する場合には、最高裁判所に上告することによって更に争う途も残されています。

2　税務争訟と不服申立ての前置（通115①）

　国税についての処分の取消しを求める訴えの提起は、不服申立ての決定又は裁決を経た後6月以内にしなければできません（不服申立前置主義、通115①本文、行訴14①）。

　国税についての処分の取消しを求める訴えについて、このような不服申立ての前置を要することとした趣旨は、次のような理由によるものです。

① 　税法に基づく処分は、毎年、大量に反復して周期的に行われ、また、課税処分などの争いは大部分が事実の認定に関するものであるため、税務職員の知識と経験を生かして、もう一度見直しをして不服審査の段階で解決を図り、訴訟になるのを少なくして裁判所の負担を軽くすること。

② 　税法が多分に複雑で専門的なため、不服審査の段階で争点を整理することは、行政の統一的な運用に役立ち、また、訴訟に移行した場合に裁判所の審理が容易になること。

③ 　不服申立ては、訴訟と異なり、費用や手間が少なく簡易に権利利益の救済を図ることができること。

ちなみに、申告から税務訴訟に至るまでのプロセスを図解の形で示すと次のようになります。

（図25）税務争訟の概要

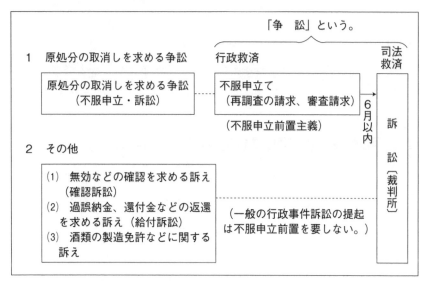

〔資料出所：同前126頁より抜すい一部修正〕

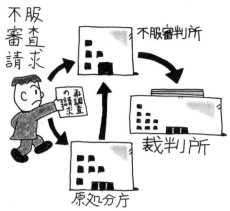

3 訴訟と原処分の執行との関係について（行訴25、通73④）

訴訟が提起された時点において、当初の処分に係る執行を停止すべきか否かについて、行政事件訴訟法では、「処分の取消しの訴えの提起は、処分の効力、処分の執行又は手続きの続行を妨げない」（行訴25）としています。すなわち、執行不停止を原則とし、原告（納税者等）から裁判所に対して執行停止の申立てがあった場合で、かつ、手続の続行により重大な損害を避けるため緊急の必要があると裁判所が認めた場合に限り、処分の執行を停止することとしています（行訴25）。国税に関する処分について取消訴訟が提起された場合の処分の続行の可否についても、国税通則法に特別の規定はありません。したがって、国税に関する処分について取消訴訟が提起された場合には、行政事件訴訟法の規定に従うことになります(注)。

> 注　更正、決定等の先行処分に対して取消訴訟が提起されても、後行処分たる滞納処分等は停止しないということです。

なお、処分の取消しを求める不服申立て又は訴訟が提起されている場合においては、滞納処分は停止されませんが、「換価」については、原則として猶予することとされています（徴151）(注)。

> 注　ただし、その間は徴収権の消滅時効は進行しないこととされています（通73④）。

10 罰　則

〔ポイント〕

① 税務職員に対する罰則

② 納税者に対する罰則

③ 脱税者等に対する罰則

第1節　税務職員に対する罰則（通127）

　国税通則法では、国税の調査若しくは国税の徴収に関する事務に従事している者又は従事していた者による守秘義務違反に対し、統一的な罰則規定（2年以下の拘禁刑（令和7年6月1日施行）又は100万円以下の罰金）が設けられています（通127）。

第2節 納税者に対する罰則

国税通則法では、納税者の義務違反に対しても種々の罰則規定が設けられています。

1 虚偽記載等（通128）

そのうちの一つが、更正の請求手続を利用した悪質な不正還付の未然防止若しくは質問検査権を担保するための罰則規定（1年以下の拘禁刑（令和7年6月1日施行）又は50万円以下の罰金）です（通128）。

この規定の対象とされているのは次のいずれかに該当する者です。

① 更正請求書に偽りの記載をして提出した者

② 質問検査権の行使に際し、答弁せず若しくは偽りの答弁をし、又は検査、採取、移動の禁止若しくは封かんの実施を拒み、妨げ、若しくは忌避した者

③ 質問検査権の行使に際し、物件の提示若しくは提出又は報告の要求に対し、理由がなくこれに応じず、又は偽りの記載若しくは記録をした帳簿書類等を提示し、若しくは提出し、若しくは偽りの報告をした者

2 検査忌避犯、虚偽帳簿書類提示犯（通129、130）

また、審査請求の審理の適正を期するため、質問及び検査の拒否等の罰則の規定も設けられています（通129、130）。

なお、この規定は、刑法に対する特別法であり（刑法8）、これらに該当する行為があったときは、国税不服審判所長が告発を行うこととされています（刑訴239②）。

（1）質問及び検査等の拒否等の罰（通129）

　担当審判官の行う審理のための質問に対して答弁せず、若しくは偽りの答弁をした者、又は帳簿書類その他の物件の検査を拒み、妨げ、若しくは忌避し、又は帳簿書類で偽りの記載若しくは記録をしたものを提示した者（30万円以下の罰金。ただし、通則法第97条第4項に規定する審査請求人等は除くこととされています。）

（2）両罰規定等（通130）

　法人の代表者、法人・個人の代理人、使用人その他の従業者が、その法人・個人の業務又は財産に関して、上記(1)の違反行為をしたときは、その行為者が罰せられるほか、その法人・個人にも罰金刑が科されることとなっています。

> 注　他に納税者に対する罰則として脱税煽動等の罪（通126）があります。
> 　　煽動犯は、昭和20年代の悪質な反税運動が展開される事態に至ったことを受け、納税制度の維持と言論の自由との調和を図るため昭和23年に創設され、旧国犯法22条に規定されていましたが、平成29年度税制改正による国税犯則調査手続の見直しに併せて、通則法に編入されました（通126）。次のような行為を行った者は、煽動犯が成立し、3年以下の懲役又は20万円以下の罰金に処せられます（通126）。
> 　(1)　国税の納税義務者がする国税の課税標準の申告をしないこと、若しくは虚偽の申告をすること、又は国税の徴収若しくは納付をしないことを煽動すること（通126①）
> 　(2)　国税の納税義務者がする国税の課税標準の申告をさせない、若しくは虚偽の申告をさせる、又は国税の徴収若しくは納付をさせないようにする目的をもって、暴行又は脅迫を加えること（通126②）

第3節　脱税者等に対する罰則（各税法で規定）

　なお、国税通則法上の罰則ではありませんが、脱税があった場合には、脱税者本人に対して10年以下の拘禁刑（令和7年6月1日施行）若しくは1,000万円以下の罰金又はその双方が科されます（所238①、相68①）。

　また、脱税者が法人の場合には、法人の代表者等がその罰則の対象となります（法159①）。

〔国税に関する主な犯則〕

対象	行為	税目	罰則[注]
ほ脱・不正受還付	偽りその他不正の行為により、税を免れ、又はその還付を受けた行為	所得税、法人税、消費税等	拘禁刑（令和7年6月1日施行）10年以下罰金1,000万円以下
		酒税、揮発油税 等 ※酒類の無免許製造犯を含む。	拘禁刑（令和7年6月1日施行）10年以下罰金100万円以下
無申告ほ脱	法定申告期限までに申告書を提出しないことにより税を免れた行為	所得税、法人税、消費税等	拘禁刑（令和7年6月1日施行）5年以下罰金500万円以下
		酒税、揮発油税 等	拘禁刑（令和7年6月1日施行）5年以下罰金50万円以下
源泉所得税不納付	源泉徴収義務者が徴収して納付すべき所得税を納付しなかった行為	源泉所得税	拘禁刑（令和7年6月1日施行）10年以下罰金200万円以下

　注　両罰が併科されることもあります。

※このほか、犯則行為として、申告書不提出、調書不提出・虚偽記載、虚偽帳簿書類提示等の秩序犯があります。

〔資料出所：税制調査会　平成28年10月31日提出資料、抜すい、一部修正〕

第10章

罰則

（参考１）　国の会計の流れ

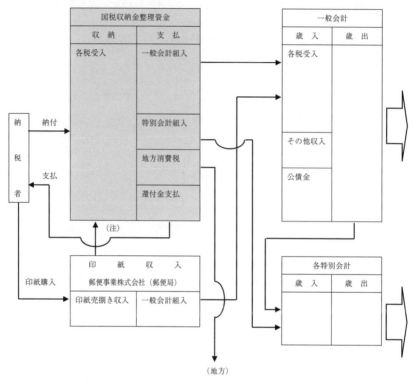

（注）自動車重量税印紙については、国税収納金整理資金として受入

〔資料出所：税務大学校講本「国税通則法」（令和５年度版）63頁より抜すい〕

（参考2） 納税環境整備に向けた主な施策

公布年	主な施策
昭和56年	・脱税に係る懲役刑の引上げ・公訴時効期間の延長（3年⇒5年） ・脱税に係る更正決定の制限期間の延長（5年⇒7年）
昭和59年	・白色申告者の記録保存制度・記帳制度の創設（所得金額300万円超（記帳義務）） ・官公署等への協力要請規定の創設 ・過少申告加算税の割合の引上げ（一律5％⇒5％・10％）
昭和62年	・過少申告加算税・無申告加算税・重加算税の割合の引上げ（一律5％引上げ）
平成9年	・国外送金等調書提出制度の創設（200万円超の国外受送金）
平成10年	・帳簿書類の電子データ保存制度の創設
平成11年	・利子税等の割合の特例制度の創設（特例基準割合の創設）
平成13年	・事前照会に対する文書回答手続の運用開始
平成15年	・租税条約に基づく情報収集制度の創設
平成16年	・電子申告・電子納税の運用開始 ・帳簿書類の電子データ保存制度のスキャナ保存への対応
平成17年	・国民年金保険料の納付証明書の添付義務化
平成18年	・給与の源泉徴収票等の電子交付 ・期限内納付があった場合の無申告加算税等の不適用制度の創設 ・無申告加算税の割合の引上げ（一律15％⇒15％・20％）
平成19年	・税務手続の電子化促進措置（第三者作成書類の添付省略、代理送信の場合の本人の電子署名省略等） ・コンビニで納税できる制度の創設 ・公売手続の円滑化（インターネット公売等）
平成20年	・事前照会に対する文書回答手続の改善 ・税務手続の電子化促進措置（添付省略書類の拡大、ダイレクト納税制度の創設（振替納税の電子化）） ・国外送金等調書の提出基準の引下げ（200万円超→100万円超）
平成22年	・脱税に係る法定刑の引上げ等（5年⇒10年、500万円→1,000万円）
平成23年	・「故意の申告書不提出によるほ脱犯」及び「消費税の不正受還付罪の未遂罪」の創設 ・税務手続の電子化促進措置（法定調書の光ディスク等による提出義務化） ・税務調査手続について、現行の運用上の取扱いを法令上明確化 ・更正の請求期間の延長（1年⇒5年）等 ・全ての処分について理由附記を実施（原則平成25年1月から実施） ・白色申告者の記帳義務化（平成26年1月から理由附記と併せて実施）

平成24年	・国外財産調書制度の創設（合計5,000万円超の国外財産を有する居住者）
平成25年	・延滞税等の見直し（特例基準割合を「公定歩合＋４％」⇒「貸出約定平均金利＋１％」に変更） ・社会保障・税番号制度導入に伴う所要の税制上の措置（申告書や法定調書等への「番号」記載等）
平成26年	・猶予制度の見直し（納税者の申請に基づく換価の猶予制度の創設等） ・国外証券移管等調書制度の創設 ・行政不服審査法の見直しに合わせた国税不服申立制度の見直し（直接審査請求を可能とする等）
平成27年	・財産債務明細書を見直し、財産債務調書として整備（提出基準の見直し、記載内容の充実等） ・預貯金口座情報への番号付番 ・国税関係書類に係るスキャナ保存制度の要件緩和（３万円以上の領収書等を対象に追加等） ・税務手続の電子化促進措置（ID・パスワードによる認証（電子署名の省略）、イメージデータによる添付書面の提出）
平成28年	・クレジットカードによる国税の納付制度の創設 ・マイナンバー記載の対象書類の見直し※（一定の書類について記載を不要とする） ・加算税制度の見直し（事前通知を受けて修正申告を行う場合の加算税の見直し、短期間に繰り返して無申告又は仮装・隠蔽が行われた場合の加算税の加重措置の導入） ・スマホ等により、社外において領収書等を記録する場合のスキャナ保存の手続要件の見直し
平成29年	・国税犯罪調査手続の見直し ・災害等による期限延長制度における延長手続の拡充（対象者の範囲を指定した期限延長可能化）
平成30年	・電子化促進措置（大法人の電子申告義務化、年末調整手続の電子化等） ・e-Tax による処分通知等の範囲の整備（対象処分通知等の告示、更正の請求に係る更正等が新たに対象化） ・参加差押えをした行政機関による換価執行制度の創設
令和元年 （平成31年）	・情報照会手続の整備（事業者等への協力要請・報告の求めの導入） ・番号が付された証券口座情報の効率的な利用に係る措置 ・電子帳簿保存及びスキャナ保存制度の申請手続の簡素化等（申請書の記載事項の簡素化、申請期限の緩和、スキャナ対象書類の範囲拡充）
令和２年	・振替納税の通知依頼及びダイレクト納付の利用届出の電子化 ・準確定申告の電子的手続の簡素化 ・納税地の異動があった場合の振替納税手続の簡素化

	・電子帳簿保存制度の見直し（緩和） ・国外財産調書制度の見直し（ペナルティ強化） ・国外取引等の課税に係る更正・決定等の期間制限の見直し（延長） ・利子税・還付加算金等の割合の引下げ
令和3年	・税務関係書類における押印義務の見直し ・電子帳簿等保存制度の見直し ・納税管理人制度の拡充 ・地方税共通納税システムの対象税目の拡大 ・個人住民税の特別徴収税額通知の電子化
令和4年	・記帳水準の向上に資するための過少申告加算税・無申告加算税の加重措置の整備 ・財産債務調書制度の見直し ・証拠書類のない簿外経費への対応策
令和5年	・電子帳簿等保存制度の見直し（優良な電子帳簿の対象範囲の見直し、スキャナ保存、電子取引データ保存の保存要件の緩和等） ・高額な無申告に対する無申告加算税の割合の引上げ ・一定期間繰り返し行われる無申告行為に対する無申告加算税等の加重措置
令和6年	・法人がGビズIDを用いてe-Taxを行う場合の電子署名等の不要化 ・全ての処分通知等についてe-Taxにより行うことを可能化 ・隠蔽・仮装の事実に基づき更正請求書を提出した場合の重加算税適用 ・偽り不正の行為により国税を免れた役員等の第二次納税義務の整備

※ マイナンバーの記載を不要とする書類

マイナンバーの記載を不要とする 税務関係書類の分類	具体的な届出書等の例
(1)・申告等の主たる手続と併せて提出されることが想定されること、又は、 ・個人事業者など申告等を行っている者からその申告等の後に関連して提出されること等から、 マイナンバーの記載をしないと認められる書類	・所得税の青色申告承認申請書 ・所得税の棚卸資産の評価方法の届出書 ・消費税簡易課税制度選択届出書 ・相続税延納・物納申請書 ・納税の猶予申請書
(2) 税務当局には提出されないとともに、所得把握の適正化・効率化を損なわないことから、マイナンバーの記載を要しないと認められる書類	・非課税貯蓄申込書 ・財産形成非課税住宅貯蓄申込書 ・非課税口座廃止届出書

〔資料出所：財務省〕

（参考3） 電子帳簿保存法の概要

電子帳簿保存法は、次の1から3の各税法で原則紙での保存が義務付けられている帳簿書類について一定の要件の下電子データによる保存を可能とすることと、4の電子的に授受した取引情報の保存義務を定め、大別すると次の4つの制度で構成されています。

1から3は任意で選択できる制度ですが、4の電子取引の取引情報に係る電磁的記録の保存制度（以下「電子取引データ保存制度」といいます。）は申告所得税と法人税の全ての保存義務者が保存義務を負う制度です。

1．国税関係帳簿の電磁的記録による保存制度 (1)最低限の要件を満たす電子帳簿（電帳法4①） (2)優良な電子帳簿（電帳法8④）
2．国税関係書類の電磁的記録による保存制度（電帳法4②）
3．スキャナ保存制度（電帳法4③）
4．電子取引の取引情報に係る電磁的記録の保存制度（電帳法7）

1　国税関係帳簿の電磁的記録による保存制度

保存義務者が、国税関係帳簿の全部又は一部について、自己が最初の記録段階から一貫して電子計算機を使用して作成する場合には、国税関係帳簿に係る電磁的記録の備付け及び保存をもってその国税関係帳簿の「備付け」及び「保存」に代えることができるものです。

この制度は、「優良な電子帳簿」と「最低限の要件を満たす電子帳簿」の2種類の保存制度に構成され、このうち信頼性の高い「優良な電子帳簿」についてはインセンティブ（過少申告加算税の軽減措置）を設けることで記帳水準の向上を図ることとし、モニター、説明書の備付け等の「最低限の要件を満たす電子帳簿」については、多くの保存義務者が帳簿を電子的に保存することを可能とするものです（電帳法4①、8④）。

優良な電子帳簿					最低限の要件を満たす電子帳簿		
事前届出により加算税軽減					事前手続なし		
訂正・削除・追加履歴の確保	帳簿間の相互関連性確保	システムの開発関係書類等の備付け	見読可能装置の備付	検索機能の確保(取引年月日、金額、取引先に限定)	システムの開発関係書類等の備付け	見読可能装置の備付	税務調査でダウンロードの求めに応じる

注；一定の国税関係帳簿（青色申告者、消費税事業者の備付ける帳簿）の保存を行う者については過少申告加算税を5％軽減する。

注；正規の簿記の原則に従って記録されるものに限る。

2　国税関係書類の電磁的記録による保存制度

　保存義務者が、国税関係書類の全部又は一部について、自己が一貫して電子計算機を使用して作成する場合であって、保存要件にしたがって保存することにより、当該国税関係書類に係る電磁的記録の保存をもって当該国税関係書類の保存に代えることができます（電帳法4②)。

3　スキャナ保存制度

　保存義務者が、国税関係書類（決算関係書類は除かれます。）の全部又は一部について、その国税関係書類に記載されている事項を一定の要件を満たすスキャナ装置（スキャナを使用する電子計算機処理システム）により、電磁的記録に記録する場合には、保存要件に従って保存することにより、当該国税関係書類に係る電磁的記録の保存をもってその国税関係書類の保存に代えることができます（電帳法4③)。

4　電子取引の取引情報に係る電磁的記録の保存制度

　申告所得税及び法人税の保存義務者は、電子取引を行った場合には、

一定の要件の下、その電子取引の取引情報に係る電磁的記録を保存しなければなりません（電帳法7）。

　この保存に当たっては，下記の可視性の原則の保存要件を備えた上で、真実性の原則の①から④までのいずれかの措置を行う必要があります（電帳規4①②）。

電子取引に係るデータ保存制度の保存要件
（申告所得税・法人税の保存義務者が電子取引を行った場合）

	要　件
可視性の原則	電子計算機処理システムの概要を記載した書類の備付け（自社開発のプログラムを使用する場合に限る。） 見読可能装置の備付け等 検索機能の確保 ・検索項目の取引年月日、取引金額、取引先について検索できること。 ・範囲指定、項目組合せにより検索できること（税務調査でダウンロードの求めに応じる場合は不要）。 ◎税務調査においてダウンロードの求めに応じる者にはすべての検索要件を不要。 ・前々事業年度等の売上高5千万円（令和5年までは1千万円）以下の者 又は ・データを出力した書面（整然とした形式及び明瞭な状態で出力され、取引年月日その他の日付及び取引先ごとに整理されたものに限る。）の提示・提出の求めに応じることができるようにしている者(令和6年以降)
真実性の原則	次のいずれかの措置を行う。 ① タイムスタンプが付された後の授受 ② 授受後2月以内にタイムスタンプを付す ③ データの訂正削除を行った場合にその記録が残るシステム又は訂正削除ができないシステムを利用 ④ 訂正削除の防止に関する事務処理規程の備付け
新たな猶予措置	・税務署長が相当の理由があると認める場合(手続不要)で、かつ、 ・税務調査等の際に①データを出力した書面(整然とした形式及び明瞭な状態で出力されたものに限る。)を提示・提出できるようにしている、かつ、②ダウンロードの求めに応じることができるようにしている場合には、上記の保存要件にかかわらず、電子取引データを単に保存しておくことができる(令和6年以降)。

(1)　令和6年以後に行う電子取引データ保存から認められる検索要件不要の要件

　　税務調査の際に、電子取引データのダウンロードの求めに応じることができるようにしている場合には、次のいずれかに該当すれば検索要件の全てが不要とされます（電帳規4①）。

①　前々事業年度等の売上高が5,000万円以下（令和5年末までは1,000万円以下）であること。この場合の「売上高」とは、営業外収入や雑収入を含んでいません。

②　電子取引データを出力した書面で、整然とした形式及び明瞭な状態で出力され、取引年月日その他の日付及び取引先ごとに整理されたものを税務調査等の際に求められたら提示又は提出の求めに応じ

ることができるようにしていること。

(2) 保存要件が不要となる新たな猶予措置

　電子取引データの保存制度は、義務化する以上、全ての事業者がいずれかの方法で対応可能な制度としておかなくてはなりません。保存要件に従って保存できなかったことについて、システム対応や資金繰り等の関係から対応できない等の「相当の理由」がある場合には、電子取引データを保存しておき、税務調査等の際にそのダウンロードの求めに応じ、データを出力した書面の提示又は提出の求めに応じることができるようにしている場合には、令和6年以後に行う電子取引から、その保存要件にかかわらず保存をすることができます（電帳規4③）。

（参考4） 国税不服審判所における審理の流れ

一般的な審理の流れは次のとおりとなっています。

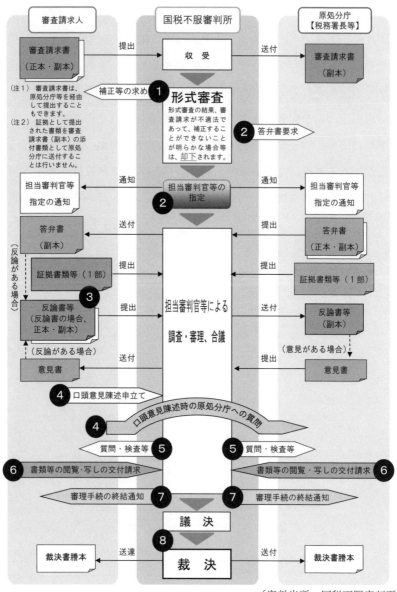

〔資料出所：国税不服審判所〕

① 形式審査と記載内容の補正等

国税不服審判所では、審査請求が法律の規定に従っているかどうかの形式的な審査（形式審査）を行い、審査請求人に対して、不明な点の説明を求めたり、記載漏れ等の不備の補正を求めることがあります。

審査請求人が不備の補正に応じない場合や、審査請求が不適法であって補正することができないことが明らかな場合は、国税不服審判所長は、審理の対象として取り上げない旨の「却下」の裁決を行います。

② 答弁書要求と担当審判官等の指定

適法な審査請求であると認められた場合や、不適法な審査請求であることが明らかでない場合は、国税不服審判所長は、原処分庁に対して審査請求の趣旨及び理由に対する原処分庁の主張を記載した「答弁書」の提出を求めるとともに、処分の理由となる事実を証する書類その他の物件の提出を求めます。

また、国税不服審判所長は、その審査請求に係る調査・審理を行わせるため、担当審判官1名及び参加審判官2名以上を指定し、担当審判官等の所属及び氏名等を書面で通知します。

③ 反論書、証拠書類等の提出等

審査請求人は、送付された原処分庁の答弁書に対して反論がある場合には、自己の主張を記載した反論書や自己の主張を裏付ける証拠書類又は証拠物を提出することができます。

国税不服審判所では、審査請求人と原処分庁の主張を整理し、争点（審査請求人と原処分庁の主張の相違点）を確認するに当たって、双方に協力をお願いしています。

審査請求人の主張を裏付ける証拠書類又は証拠物は、担当審判官等による審理を適正かつ迅速に進める上で最も重要なものであり、積極的に提出されることが審査請求事件の早期解決につながります。

④ 口頭意見陳述

審査請求人は、自己の主張を書面で提出するほか、口頭で意見を述べる旨（口頭意見陳述）の申立てをすることができます。

また、口頭意見陳述の場には原処分庁の担当者が原則として出席しますので、審査請求人は、その場で、担当審判官の許可を得て、原処分庁の担当者に質問をすることができます。

⑤ 担当審判官等による質問・検査

審理を行うため必要があるときは、担当審判官等は、審査請求人若しくは原処分庁の申立てにより、又は職権で、審査請求人、原処分庁又は参考人等に対して質問し、帳簿書類等の提出を求め、これを留置し、検査し、又は鑑定人に鑑定させることができます。

⑥ 閲覧・写しの交付請求

審査請求人及び原処分庁は、双方がそれぞれ国税不服審判所に任意で提出した証拠書類等や、担当審判官が職権で提出を求めて提出された書類等について、閲覧又は写しの交付を求めることができます。

担当審判官は、第三者の利益を害するおそれがあると認められるとき、その他正当な理由があるときでなければ、その閲覧・写しの交付の求めを拒否できないこととされています。

⑦ 審理手続の終結

担当審判官は、必要な審理を終えたと認めるときには、審理手続を終結します。また、担当審判官が定めた期間内に、答弁書、反論書、証拠書類等が提出されなかった場合などには、担当審判官は審理手続を終結することができます。

担当審判官が審理手続を終結すると、反論書及び証拠書類等の提出、口頭意見陳述の申立て、閲覧・写しの交付請求などの行為をすることができないこととなります。

担当審判官は、審理手続を終結した時は、速やかに、審査請求人等及び原処分庁に対し、審理手続を終結した旨の通知をします。

⑧ 議決と裁決

審理が終了すると、合議体を構成する担当審判官と参加審判官は、合議により審査請求に対する結論（「議決」といいます。）を出します。

国税不服審判所長は、その議決に基づいて、裁決を行います。

裁決の内容は、「裁決書謄本」により審査請求人等及び原処分庁に通知されます。

（裁決の内容と種類）
・審査請求に理由があるとき・・・・・・・・全部若しくは一部取消し、又は変更
・審査請求に理由がないとき・・・・・棄却
・審査請求が不適法なとき・・・・・・・却下

参考

国税不服審判所における審理の流れ

（参考5） 事前照会に対する文書回答制度の見直し

【改正前の制度に対する問題点等】
・回答の可否の可能性、回答時期の見通し等について、照会者へ連絡する制度がない。
・回答内容等の非公表期間について、最大180日間では経済上の秘密が保持できず、文書回答手続の活用を躊躇。利用者から、非公表期間の更なる延長の要望あり。

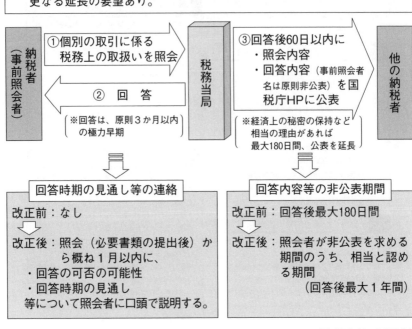

〔資料出所：国税庁〕

（参考6） 加算税の国際比較

	日　本	アメリカ	イギリス	ドイツ	フランス
過少申告加算税	追徴税額の10%（期限内申告税額又は50万円のいずれか多い金額を超える部分については、15%）（通則法65条）	追徴税額の20%（当初申告額の10%又は5000ドル（法人にあっては1万ドルを超える分については25%）（内国歳入法6662条(a)）	追徴税額以下の額（法文上、過少申告加算税と重加算税の区別なし）（租税管理法95条、96条）	なし（過少申告に対しては10万マルク以下の秩序罰（過料）が課される。（租税通則法378条）	過少税額の40%（租税一般法1729条）（悪意の場合にのみ。善意の場合は、過少申告加算税は課されない。）
無申告加算税	納付税額の15%（納付すべき税額が50万円を超える部分については20%、300万円を超える部分については30%）（通則法66条）	他に、資産の過大評価（200%）に対し20%（400%超のときは40%）の加算税（内国歳入法6662条(g)）無申告の期間1月又はその端数毎に申告税額の5%加算（最高25%）（内国歳入法6651条(a)）	○法定申告期限からの遅延期間に応じた次の額　・6月未満　　　100ポンド　・6月以上12月未満　　　+100ポンド　・12月以上　　　年税額以下の額○裁判所又は課税委員会の決定により1日につき60ポンド以下の加算税を課することも可能（1994年財政法附則19、租税管理法93条、94条）	賦課課税であるが、課税資料としての租税申告書を提出しない場合、確定税額の10%以下を加算。但し、1万マルクを限度とする。（租税通則法152条）	○督促がなかった場合又は最初の督促から30日以内に申告書が提出された場合　⇒　10%○最初の督促から30日以内に申告書を提出しなかった場合　⇒　40%○2度目の督促から30日以内に申告書を提出しなかった場合　⇒　80%（租税一般法1728条、1728条A）
重加算税	追徴税額の35%（無申告の場合には40%）（通則法68条）	追徴税額のうち詐偽に帰すべき部分の75%（詐偽的無申告の場合は1月又はその端数毎に納付税額の15%加算。最高75%）（内国歳入法6663条(a)、6651条(f)）	追徴税額以下の額（法文上、過少申告加算税と重加算税の区別なし）（租税管理法95条、96条）	なし	脱漏税額の80%（租税一般法典1729条）

（注）イギリスにおいては、原則として所得税・法人税の例による。

〔資料出所：税制調査会提出資料一部修正〕

参考

加算税の国際比較

(参考7) 米国の納税者の権利章典 (Taxpayer Bill of Rights) の概要

(2014.6.10) (IRS パブリケーションより抜すい)

① 周知を受ける権利 (The Rights to be Informed)

　納税者として、貴方は IRS 職員から税法に従うために必要な情報を入手する権利を有しています。

② 質の高いサービスを受ける権利 (The Rights to Quality Service)

③ 法令で許されている最低限の納付 (The Right to pay no more than the correct Amount of Tax)

④ IRS に対する不平申立ての権利 (The Rights to Challenge and Appeal)

⑤ プライバシーの保護と秘密保持 (Privacy and Confidentiality) の徹底を求めることのできる権利

⑥ 更正と徴収に関し知る権利 (The Right to Finality)

　納税者は IRS がいつまでなら更正できるのか、また徴収できるのかについて知る権利があります。

⑦ プライバシーの権利 (The Right to Privacy)

　納税者は申告内容及び調査、徴収の内容等について IRS に対し秘密を守るよう要請する権利があります。

　(また、あなたは、事前通知することにより IRS の調査官等との面談をオーディオ・テープに録音することができます。)

⑧ IRS 職員に対し秘密を守るよう要求する権利 (The Right Confidenciality)

⑨ 代理人選任の権利 (The Right to Retain Representation)

⑩ 公平で公正な税制を求める権利 (The Right to a Fair and Just Tax System)

—内要略—

（参考8） 米国における納税者権利救済制度の概要

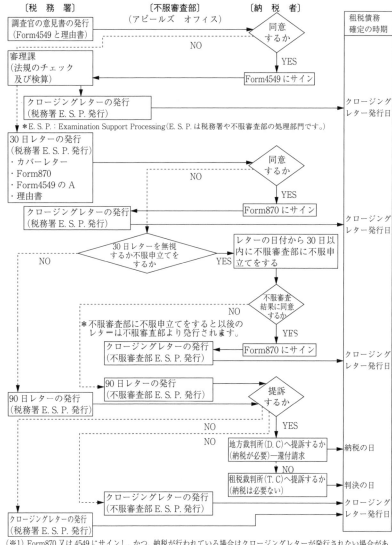

（※1）Form870 又は 4549 にサインし、かつ、納税が行われている場合はクロージングレターが発行されない場合があ
　　 ります。したがって、その場合は Form870 等のサインの日付をもって租税債務確定の時期と考えて差し支えありません。
（※2）納税者は、連邦地方裁判所（District Court）への提訴か租税裁判所（Tax Court）への提訴かを選択できます。
　　 ただし、連邦地裁への提訴には係争税額をいったん納付することが原則とされています。

〔資料出所：IRS の納税者向けパンフを一部修正〕

判例・裁決例索引

判決・裁決年月日	裁判所等	公刊判例集等	掲載頁
昭和33年 4 月30日	最高裁大法廷	民集12巻 6 号938頁	169
昭和33年11月10日	福岡高等裁判所	高裁民集11巻 9 号578頁	28
昭和33年11月17日	大阪地方裁判所	訟務月報 5 巻 2 号282頁	155
昭和34年 5 月13日	東京地方裁判所	行裁例集10巻 5 号919頁	155
昭和39年10月22日	最高裁第一小法廷	民集18巻 8 号1762頁	77
昭和42年 3 月14日	最高裁第二小法廷	民集86号551頁	64
昭和45年12月24日	最高裁第一小法廷	民集24巻13号2243頁	37
昭和46年 3 月30日	最高裁第三小法廷	刑集25巻 2 号359頁	76
昭和48年 7 月10日	最高裁第三小法廷	刑集27巻 7 号1205頁	80、228
昭和48年 9 月11日	東京地方裁判所	税資71号118頁	218
昭和48年11月 8 日	大阪高等裁判所	行裁例集24巻11・12号1227頁	38
昭和50年 6 月23日	和歌山地方裁判所	税資82号70頁	164
昭和50年10月22日	大阪地方裁判所	税資83号140頁	160
昭和51年11月30日	最高裁第三小法廷	訟務月報22巻13号3044頁	218
昭和55年10月13日	名古屋地方裁判所	税資115号31頁	164
昭和56年 7 月16日	東京高等裁判所	行裁例集 3 巻 7 号1038頁	156
昭和60年12月19日	宇都宮地方裁判所	判例時報1183号79頁	100
昭和62年11月10日	最高裁第二小法廷	訟務月報34巻 4 号861頁	86
昭和63年11月30日	東京高等裁判所	行裁例集39巻11号1458頁	84
平成 2 年 4 月19日	広島高裁岡山支部	訟務月報37巻 8 号1297頁	48
平成 2 年 5 月16日	神戸地方裁判所	税資176号785頁	162
平成 2 年 6 月 5 日	最高裁第三小法廷	民集44巻 4 号612頁	86

平成 3 年 8 月29日	札幌高等裁判所	昭和63年（行コ）5 号	227
平成 4 年 2 月18日	最高裁第三小法廷	民集46巻 2 号77頁	38
平成 4 年10月 8 日	最高裁第一小法廷	税資193号10頁	228
平成 5 年 3 月23日	水戸地方裁判所	税資194号833頁	227
平成 5 年10月20日	東京地方裁判所	判例時報1507号97頁	227
平成 6 年11月22日	最高裁第二小法廷	民集48巻 7 号1379頁	164
平成 7 年 4 月28日	最高裁第二小法廷	判例時報1529号53頁	164
平成 8 年 6 月28日	名古屋地方裁判所	税資216号693頁	227
平成 9 年 2 月25日	大阪高等裁判所	税資222号568頁	165
平成 9 年 6 月18日	東京高等裁判所	訟務月報45巻 2 号371頁	82
平成 9 年10月31日	最高裁第二小法廷	税資229号471頁	227
平成10年 1 月22日	最高裁第一小法廷	税資230号65頁	82
平成13年11月29日	国税不服審判所	裁決事例集62巻16頁	46
平成14年11月13日	国税不服審判所	裁決事例集64巻196頁	39
平成17年 9 月16日	大阪地方裁判所	税資255号（順号10134）	160
平成18年 4 月20日	最高裁第一小法廷	民集60巻 4 号1611頁	155、164
平成18年 4 月25日	最高裁第三小法廷	民集60巻 4 号1728頁	155、164
平成26年 8 月25日	国税不服審判所	大裁（諸）平26－ 7	165

※ 公刊判例集については、次の略称を使用しています。
　民集…………最高裁判所民事判例集
　刑集…………最高裁判所刑事判例集
　高裁民集……高等裁判所民事判例集
　行裁例集……行政事件裁判例集
　税資…………税務訴訟資料

用 語 索 引

―285―

〔著者略歴〕

川田　剛（かわだ　ごう）
柏原税務署長、国税庁国際業務室長、国税庁管理課長、仙台国
税局長などを経て退官、国士舘大学教授、明治大学大学院グロ
ーバルビジネス研究科教授などを歴任。現在は税理士法人川田
事務所代表社員税理士。

黒坂　昭一（くろさか　しょういち）
国税庁徴収部管理課課長補佐、東京国税不服審判所副審判官、
税務大学校研究部教授、東京国税局徴収部国税訟務官室主任国
税訟務官、東村山税務署長などを経て退官。平成26年税理士登
録。その後、千葉商科大学大学院客員教授を経て、亜細亜大学
非常勤講師。

松崎　啓介（まつざき　けいすけ）
財務省主税局通則法規係長、通則法規担当課長補佐、主税調査
官、大月税務署長、東京国税局調査部特官・統括官、課税第一
部審理官、総務部企画課長、課税第一部審理課長、個人課税課
長、国税庁長官官房監督評価官室長、仙台国税局総務部長、金
沢国税局長などを経て退官、令和2年税理士登録。

令和6年度版　└基礎から身につく国税通則法┘

令和6年4月17日　初版発行

不　許
複　製

編著者　川　田　　　剛

（一財）大蔵財務協会　理事長
発行者　木　村　幸　俊

発行所　一般財団法人　大　蔵　財　務　協　会
〔郵便番号　130-8585〕
東京都墨田区東駒形1丁目14番1号
（販　売　部）TEL03（3829）4141・FAX03（3829）4001
（出版編集部）TEL03（3829）4142・FAX03（3829）4005
http://www.zaikyo.or.jp

乱丁・落丁はお取替えいたします。　　　　　印刷　恵友社
ISBN978-4-7547-3207-3